동·서양의 미스터리한 이야기 모음집

동서기담

東
西
奇
談

어문학사

▶ 일러두기

* 원서에는 주가 없지만 독자의 이해를 돕기 위해 역자가 주를 새로 달았다

東西奇談

동·서양의 미스터리한 이야기 모음집

동서기담

시부사와 다쓰히코 지음

임명수 옮김

어문학사

차례

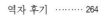

01

귀신을 부리는 마법사

헤이안 시대(平安時代, 794~1192)의 일본 음양사들은 식신(式神)[1]이라 불리는 귀신을 부려 여러 가지 마법을 행했다고 한다.

---

1 음양도를 사용하는 음양사가 부리는 귀신의 일종. 어린애 혹은 귀신(鬼神)의 모습을 하고 있으며, 일반 사람에게는 보이지 않는다. 음양사의 명령으로 움직이기 때문에 집안일 등의 잡일도 했다고 한다.

귀신은 평소에는 눈에 보이지 않다가 가끔씩 모습을 드러내 음양사를 따라다녔는데, 그 모습은 작은 어린아이 같았다고 한다. 나라(奈良)나 요시노(吉野, 나라 현 남부) 지방의 사찰에는 어두운 본당 안쪽에 게타(下駄, 나막신)를 신은 수도자가 좌우에 전귀(前鬼)와 후귀(後鬼)라는 작은 요귀(妖鬼)를 거느리는 그림이 걸려 있는데, 식신 역시 그러한 작은 요귀가 아니었나 생각된다.

아라비안나이트에서는 알라딘이 마법 램프를 문지르면 무서운 모습을 한 지니(Genie)가 "주인님, 부르셨습니까?" 하며 등장하는데, 이 지니와 다소 닮은 느낌이다.

『곤자쿠모노가타리(今昔物語)』[2]나 『우지슈이모노가타리(宇治拾遺物語)』[3]에는 신출귀몰한 식신(式神)을 부리는 음양사 이야기가 자주 등장하는데, 그중 한 편을 소개하겠다.

---

2 12세기 전기에 인도, 중국, 일본의 설화를 집대성한 설화 모음집.
3 13세기 초 설화집. 해학적 요소가 많고 불교적 색채가 강하다.

*

　당시 음양사 중에 제일 유명했던 자는 아베노 세이메이(安部晴明, 921~1005)[4]인데, 어느 날 한 노승이 그를 방문했다. 보아하니, 10살 정도로 보이는 동자 2명을 거느리고 있었다.

　노승이 말하기를 "선생의 소문을 듣고 멀리서 찾아왔습니다. 음양도의 비법을 전수해 주십시오."

　세이메이는 마음속으로 이렇게 생각했다. '아하, 이 친구 마법을 좀 부리는 것 같은데, 나를 시험하러 왔구먼. 하지만 그렇게 마음대로는 안 될걸? 건방진 놈, 한번 골려줘야겠다. 이 두 아이는 아마도 식신인 것 같으니 이놈들을 안 보이게 해줘야지……'

　세이메이는 그렇게 마음먹고 살짝 주문을 외우면서 "오늘은 좀 바쁘고 나중에 길일을 택해서 전수해 줄 테니까 이만 돌아가시오."라고 말했다.

　노승은 기뻐하며 돌아갔다가 다시 허둥지둥 돌아와

4　헤이안 시대 중기 음양사.

서는 "내가 데리고 있던 아이들이 없어졌습니다. 선생은 참으로 나쁜 사람이네요. 제발 돌려주시오." 하며 사정한다.

세이메이는 시치미를 떼고 웃으면서 말했다. "무슨 말을 하는 거요. 난 타인의 몸종을 훔치는 그런 인간이 아니요."

노승은 곤란해 하며 "그건 지당하신 말씀입니다만, 제발 용서해주세요."라며 머리를 숙였다.

그러자 세이메이는 마음이 약해져 "그럼 이번 한 번만 봐 드리지요. 식신 따위를 부려서 사람을 시험하는 것도 좋지만 상대를 보고 하시오."라고 하고는 소매 안에다 손을 넣고 주문을 외웠다. 그러자 신기하게도 밖에서 두 동자가 달려왔다. 이에 노승이 감복한 것은 말할 것도 없다.

이 외에도 『곤자쿠모노가타리』에는 아베노 세이메이가 식신을 부려 연못에서 뛰어나온 개구리 대여섯 마리를 바로 죽인 이야기도 등장한다. 그가 풀잎을 이겨서 개구리에게 던지자 개구리들이 죄다 돌에 맞은 듯이 죽었다고 한다.

*

16세기 유럽에 살았 던 마법 박사 파라켈수스 (Paracelsus, 1493~1541)[5] 역시 식신과 비슷한 존재를 부리 고 다녔다. 그는 유럽의 음 양도라 할 수 있는 연금술 과 점성술의 대가였다. 전설 에 의하면, 파라켈수스가 항 상 몸에 지녔던 칼자루에는 둥근 손잡이가 붙어 있었고, 그 안에는 한 마리의 악마가 갇혀 있었다고 한다. 그는 마음에 안 드는 사람이 있으 면 이 악마를 상대방에게 보

---

5 독일 출신의 스위스 의사이자 연금술사. 화학적 의학분야와 심리학적 치료과학분야의 개척자.

냈기 때문에 사람들은 그를 두려워했다고 한다.

또 19세기 프랑스의 마법 박사 스타니슬라스 드 과이타(Stanislas de Guaita, 1861~1897)[6]도 자신의 집 책장 안에 한 마리의 악마를 데리고 있으면서 하인처럼 부렸다고 하는데, 이 외에도 유사한 이야기가 전 세계적으로 존재한다.

---

6 프랑스 출신 후작. 신비주의자.

02

육체에서 빠져나오는 혼령

그림(Brüder Grimm) 형제[7]가 수집해서 출간한 『독일
전설』에는 요괴 둔갑 이야기를 비롯하여 기괴한 이야기
가 많이 실려 있다.

---

[7] 독일의 형제 작가. 19세기 초 어린이와 가정을 위한 민화와 옛날 이야
기로 유명함.

렌스(Rhens) 지방 대승정 하인리히가 어느 여름, 병사들을 데리고 여행하고 있었다. 그들은 대낮인 데다 너무 더워 시원한 나무 그늘에서 낮잠을 자기로 했다. 그리고 그곳에서 보초를 서던 한 병사가 동료의 자는 모습을 무심코 보게 되었는데, 글쎄 동료의 입에서 하얀 족제비 같은 동물이 튀어나와 근처 시냇가로 가서는 뛰어다니며 노는 것이 아닌가. 보초병이 다가가 자신의 검으로 다리를 놓아주자 그 동물은 재빨리 검 위를 밟고 건너편 물가로 도망가 모습을 감추었다.

한참 후 그 동물이 돌아와 어슬렁거리고 있자, 마음 착한 보초병은 다시금 검을 내밀어 이쪽으로 밟고 건너오게 해주었다. 그러자 동물은 자고 있던 병사 입 안으로 뛰어들어가 모습을 감추었다. 그 순간 자고 있던 병사가 눈을 뜨고는 이렇게 말했다. "나 지금 멀리까지 걸어갔다가 지쳐버린 꿈을 꿨어. 게다가 도중에 두 번이나 철교를 건넜다니까……."

*

　인간의 혼(魂)이 잠자는 중에 갖가지 작은 동물 모습으로 변해 육체에서 이탈한다는 이야기는 유럽뿐만 아니라 인도, 중국, 일본에서도 예로부터 전해지고 있다.

　따라서 자고 있는 사람을 급히 깨우면 혼이 길을 잃어 그 사람이 병을 앓는다는 설도 있고, 머리와 다리 위치를 맞바꾸면 돌아온 혼이 입구를 찾지 못해 죽어버린다는 설도 있다. 또 자고 있는 사람이 두 사람일 경우 각각의 혼이 착각하여 옆 사람의 몸으로 들어가는 일도 있었다고 한다.

　야나기타 구니오(柳田国男, 1875~1962)[8]의 『단부리 장자(長者)』에도 혼이 빠져나가는 현상에 대한 이야기가 나온다. 여기서 '단부리'는 고추잠자리를 말한다.

　가난하지만 정직한 남자가 있었는데, 하루는 아내와 함께 밭일을 하다가 피곤함이 몰려와 그늘에서 낮잠을 자고 있었다. 아내가 보고 있자니 잠자리 한 마리가 남

---

8 일본의 대표적 민속학자.

편 입에 앉아 있다가 맞은 편 산기슭으로 왔다 갔다를 반복하고 있었다. 아내가 남편을 흔들어 깨우자 눈을 뜬 남편이 이렇게 말을 꺼냈다.

"나 지금 막 희한한 꿈을 꿨어. 저쪽 산기슭으로 갔는데 아주 맑은 샘물이 있어서 마셔보니 술이야. 지금도 입 안에 술맛이 남아 있어."

하도 이상해서 부부가 그곳에 가보니 신기하게도 샘이 있었는데, 그 샘물은 아주 양질의 술이었다. 그리고 부부는 그 술을 팔아 큰 부자가 되었다고 한다. 그 잠자리는 분명히 남편의 혼이었을 것이다.

*

동서기담

에도 시대에 쓰인 마쓰우라 세이잔(松浦静山, 1760~1841)[9]의 수필집 『갑자야화(甲子夜話)』에는 더욱 음산한 이야기가 나온다.

히라도(平戶, 나가사키)의 히지야(泥谷)라는 자가 밤에 배를 타고 낚시를 하고 있었는데, 노를 젓는 남자 하인이 갑자기 물을 마시고 오겠다고 했다. 샘물은 2km 떨어진 해안가 절벽에 있었고, 히지야는 지금 막 낚시가 한창이라며 가는 것을 허락하지 않았다. 얼마 뒤에 하인이 졸기 시작했는데, 문득 쳐다보니 하인의 콧구멍에서 꽈리만 한 파란색을 띤 불덩어리가 나왔다. 불은 둥실둥실 날아 샘물이 있는 곳에 닿았고 조금 있다가 돌아왔다. 그리고 하인의 콧구멍으로 다시 들어가버렸다.

하인은 꿈에 샘물을 마시러 갔던 것이다.

---

9 에도 중기의 다이묘(大名), 히젠노구니(肥前国) 히라도 번(平戶藩)의 번주.

03

폴터가이스트

폴터가이스트(polter〔소란스러운〕+geist〔혼〕)는 독일어로 '시끄러운 유령'이라는 의미다. 집 안의 가구나 식기 등을 흔들어대기도 하고 뒤엎기도 하는데, 모습은 좀처럼 나타내지 않는다. 독일이나 영국의 시골에는 심심치 않게 이런 현상이 일어나 옛날에는 장난을 좋아하는 요정의 짓이라고 여겼다.

『고금저문집(古今著聞集)』[10] 등에도 이와 유사한 이야기가 많이 나오는데, 대부분은 너구리의 짓이라고 생각했다. 『도생물괴록(稲生物怪錄)』에 나오는 도깨비도 일종의 폴터가이스트라 할 수 있다.

폴터가이스트 이야기 중에 재미있는 것은 약 50여 년 전에 미국에서 일어난 사건이다. 이 사건은 AP통신에서도 취재했었는데, 병뚜껑이 저절로 열린 괴이한 사건이었다.

*

뉴욕 동부 롱아일랜드섬에 시포드(Seaford)라는 도시가 있는데, 그곳에 하만이라는 일가가 살고 있었다. 1958년 2월 3일 오후 3시경 하만가(家)의 아들 제임스(12세)가 학교에서 돌아와 자신의 방에 들어가 보니, 서랍장 위에 있던 도자기 인형과 모형 선박이 바닥에 떨어져 산산조각이 나 있었다.

---

10 일본 가마쿠라(1183~1333) 시대 설화집. 설화를 제재별로 분류하여 수록했다.

　제임스는 큰소리로 어머니와 누나 루실(13세)을 불렀다. 두 사람은 현장을 보고 깜짝 놀라면서, 자신들은 절대로 손대지 않았다고 했다. 아버지는 출근한 상태였고, 이 집에는 세 사람뿐이었다.

다른 방으로 가 보니 성수를 담아 놓은 병이 넘어져 있었는데, 병뚜껑이 열린 채 물이 가구 위에서 바닥으로 흘러내리고 있었다. 하만가는 독실한 천주교 집안이었다.

그들은 깜짝 놀라 어쩔 줄 모르고 있었는데 이번에는 화장실 쪽에서 소리가 났고 세 사람은 그곳으로 달려갔다. 그런데 세면대에 있던 화장수 병, 향수 병 뚜껑이 죄다 열려 있었다. 그야말로 병뚜껑 혁명이었다.

또 지하실에 가 보니, 하만 부인과 제임스가 보는 앞에서 표백액이 들어 있는 병이 상자 밖으로 튀어나와 콘크리트 바닥 위에서 제멋대로 움직이다가 깨져버렸다. 바로 눈앞에서 일어났기 때문에 표백액이 옷에 튈 정도였다.

*

네르발(Gérard de Nerval, 1808~1855)[11]의 단편 중에 『녹

---

11 프랑스 낭만주의 시인, 소설가. 후에 상징주의, 초현실주의적 요소가 인정되어 20세기 후반에 재평가됨.

색 괴물』이라는 작품이 있다. 어느 빈집에서 매일 밤 무서운 소리가 들린다는 소문을 듣고 담력이 센 헌병 대장이 지하실로 내려가 봤더니 포도주병이 죄다 모여 춤추고 있었다는 이야기다.

하만가의 이야기도 이처럼 허구라면 이해하겠지만, 실화라 하니 신기할 따름이다. 나중에는 병뿐만 아니라 램프, 거울, 가구, 축음기 할 것 없이 일제히 흔들리기 시작했다. 6일째 되던 날, 하만 부인이 도저히 견딜 수 없어 경찰에 신고했으나 경찰도 그 이유를 알아내지 못했다. 과학자와 심령학자를 불러 전기 배선부터 구석구석 살펴보았지만 원인을 알 길이 없었다.

폴터가이스트는 5주 정도 소동을 피우다가 갑자기 조용해졌다.

어느 학자에 의하면 폴터가이스트는 아이가 있는 집에서만 소란을 피우며, 그 이유는 밝혀지지 않았다고 한다.

04

쌍두사

스코틀랜드 호수 속에 산다는 괴물 네시(Nessy)가 과연 실존하는가에 대한 문제는 전 세계적으로 화제가 되고 있다. 이전에 일본에서는 '쓰치노코(槌の子)'라 불리는 맥주병 모양을 한 뱀이 화제가 되기도 했다. 이처럼 사람들은 어쩌면 동물학적 낭만주의와 같은 면이 있어, 미지의 괴물에 많은 호기심을 보이는 것 같다.

네시만큼 거대하지는 않지만 머리가 두 개 달린 뱀 이야기가 유럽과 일본에서 옛날부터 전해지고 있다. 그 것도 머리 부분이 두 갈래로 나뉘어 있는 것(이런 경우 는 아주 진귀한 것은 아니다)이 아니라 앞 뒤 양 끝에 두 개의 머리가 달린 아주 괴이한 뱀이다.

1824년 11월 24일 저녁 후카가와(深川) 롯켄보리초 (六間堀町) 세베텐(清兵衛店)에 사는 겐베(源兵衛)의 고 용인 우노스케(卯之助)라는 토선(土船) 인부가 흙을 파 내고 있었는데, 그의 조렴(鋤簾, 새우나 바닷가재를 잡는 도구)에 길이 약 1m 크기의 기묘한 뱀이 걸려들었다. 토선은 흙모래를 운반하는 배를 말하며, 조렴은 흙모래 를 긁어모으는 자루가 긴 도구(괭이나 가래)다.

붙잡은 뱀은 머리가 두 개고, 등에는 두 개의 검은 줄이 있었다. 머리 하나는 다른 하나보다 꽤 작았다. 뱀 이 너무 해괴망측하여 우노스케는 곧바로 번소(番所, 경 찰)에 신고하였고, 번소의 관리가 확인한 후 당시 마치 부교(町奉行, 경찰서장 격)인 쓰쓰이 이가노가미(筒井伊

賀守)[12]에게 보여줬다고 한다.

이 이야기는 다키자와 바킨(滝沢馬琴, 1767~1848)[13]을 중심으로 결성된 동호회 회원들이 기이한 이야기를 모아 만든 『토원소설(兎園小説)』이라는 책에도 나온다. 이 책에는 삽화도 수록되어 있는데, 가즈하라 기요안(数原清庵)이라는 의사가 혼조가타카와(本所堅川)[14]의 기모이리나누시(肝煎り名主, 마을 관리, 이장이나 면장)의 집에서 실제로 뱀을 보고 그 모습을 사생한 것이라고 전해진다. 믿어지지 않는 이야기지만 실화인 듯하다.

*

유럽에서는 이러한 쌍두사를 암피스바에나(Amphisbaena)라 칭한다. 그리스어로 '암피'는 '두 방향'이라는 의미고, '바이네인'은 '나아가다'라는 의미다.

---

12 이가(伊賀) 지방을 다스리는 수령
13 에도 시대 극작가, 요미혼(読本) 작가.
14 도쿄 스미다 구(墨田区).

즉 양 끝이 머리라서 어느 방향으로도 나아갈 수 있다는 의미다. 편리할 수도 있겠지만, 두 개의 머리가 제각기 반대 방향으로 가려 한다면 어떻게 될지 궁금하다.

예로부터 그리스에서는 암피스바에나에 대해 언급한 작가가 많은데, 그중에서도 『박물지(博物誌)』의 저자인 로마 시대의 플리니우스(Gaius Plinius Secundus, 22/23~79)가 그 대표적인 인물이다.

'암피스바에나는 머리가 두 개 있다. 즉 꼬리에도 머리가 달린 셈이다. 그중 하나의 머리에는 독을 품고 있는 듯하다. 온몸에 반점이 있고 맹독이 있어, 나무 위에서 사냥감을 덮친다. 따라서 발밑만 조심해서는 안 된다. 마치 기계에서 발사되는 화살처럼 허공을 가로질러 뛴다.'

위의 플리니우스 기록을 보면 꽤 무서운 뱀처럼 보이고, 일본의 쌍두사와는 종류가 다른 것 같다.

*

쌍두사 전설은 미신이라 하여 그 존재를 의심한 사

람도 있었다. 17세기 영국의 토마스 브라운(Sir Thomas Browne, 1605~1682)[15]은 상하·전후·좌우가 없는 생물은 존재하지 않는다고 주장하면서 암피스바에나의 존재를 부정했다. 한편 프랑스 동물학자 큐비에(Frédéric Cuvier, 1773~1838)는 암피스바에나는 발 없는 도마뱀의 한 종류일 것이라고 추측했다.

그는 이 도마뱀은 뱀처럼 다리가 없고 꼬리 쪽이 가늘지 않으며 머리 크기만큼 뭉뚝해서 그 꼬리를 머리로 오해한 것 같다고 주장했다. 그렇다면 에도 시대의 쌍두사도 다리 없는 도마뱀이었을까.

---

15 영국의 의사, 작가.

05

동판화를 새긴 혼령

바로크 음악가 타르티니(Giuseppe Tartini, 1692~1770)[16] 의 바이올린 소나타 4번은 '악마의 트릴'이라고 불린다. 이것은 그의 꿈속에 악마가 나타나 인간의 감성과 능력으로는 표현할 수 없는 곡을 그에게 연주하게 함으

---

16 이탈리아의 바이올린 연주자, 작곡가, 음악 이론가.

로써 탄생한 곡이다.

이 이탈리아 작곡가는 이 곡을 꿈속의 악마에게 배웠다고 하는데, 일본에도 유사한 이야기가 전해진다.

헤이안 시대 문인 미야코 요시카(都良香, 834~879)[17]는 지쿠부 섬(竹生島)에서 그 넓은 비와 호(琵琶湖)를 바라보고 감탄하여 '삼천 세계는 눈앞에 다하지 못하고'라는 시구(詩句)를 지었는데, 그 뒤를 잇지 못했다. 결국 고민하다가 잠이 들었는데 그날 밤 꿈속에 벤사이텐(弁才天)[18]이라는 여신이 나타나 '열두 인연은 마음 저편에 비어 있네'라는 시구를 이어주었다고 한다.

미야코 요시카는 후에 도술을 익혀 요시노(吉野, 나라 현 남부) 오미네 산(大峰山)으로 들어가 신선이 됐다고 전해지는데, 어쩌면 원래 초능력자였을지도 모른다.

한편 그가 지은 시구(詩句) 후반부를 도깨비(鬼, 요괴)가 지어주었다는 이야기도 전해진다.

언젠가 요시카가 후반부의 시상(詩想)이 떠오르지

---

17 헤이안 전기 관료, 문인, 문장박사.
18 음악·변재·재복 등을 관장하는 여신.

않아 고심하면서 라쇼몬(羅生門) 밑을 지나가는데, 누
문(樓門) 위에서 라쇼몬 요괴가 후반부의 시구를 들려
주었다고 한다.

*

예전에는 없었던 예술적 능력을 갑자기 발휘하는 꿈
을 꾸는 일도 가끔 있다. 그러나 요괴나 악마에게 도움
을 받는 예는 그리 많지 않다.

19세기 프랑스에 빅토리앵 사르두(Victoren Sardou,
1831~1908)[19]라는 통속극 작가가 있었다. 일본에서는 그
다지 알려지지 않았지만 「토스카(Tosca)」의 원작자라고
소개하면 웬만한 사람은 다 알 것이다. 그는 젊었을 때
심령술에 빠져 있었다. 그러던 어느 날 밤, 베르나르 팔
리시(Bernard Palissy, 1510~1590)[20]의 혼령이 나타나 그에
게 동판과 금속 조각용 끌을 준비시키고는 가르쳐주는

---

19 푸치니 오페라 「토스카」 중 「별은 빛나건만」의 작곡가.
20 프랑스 르네상스 시기에 활약한 도공.

대로 동판화를 파라고 명령했다.

팔리시는 16세기에 활동한 프랑스의 도공으로 일본에서는 저술가로도 유명하다. 일종의 르네상스적 만능인이었다고 할 수 있다. 물론 사르두 시대에서 본다면 팔리시는 300년 전에 죽은 과거의 인물이다.

사르두는 그때까지 동판화를 조각한 적이 없을뿐더러, 미술 쪽은 완전 문외한이었는데, 팔리시의 영혼이 일러주는 대로 금속판에 끌질을 계속했다. 그런데 놀랍게도 손이 저절로 움직여 실로 섬세한 조각상이 금속판에 새겨졌다. 순간 자신이 천재가 된 것 같은 이상한 기분이 들었는데, 이는 바로 팔리시의 신이 내린 것이었다.

작업은 며칠 밤이나 계속되었다. 사르두는 심령술을 익힌 동료들을 불러와 자신이 작업하는 모습을 관찰하게 했다. 보이지 않는 힘에 이끌려 동판화를 완성해 가는 그의 초인적인 모습을 보고, 동료들은 기가 막혀 혀를 내둘렀다.

드디어 완성한 동판화 시리즈는 아주 환상적이었는데, 사후의 영혼이 지구를 떠나 목성(木星)으로 옮겨가 살다가 그곳에서 다시 인간으로 살아가는 모습을 그린 것이었다. 이른바 천국의 아름다운 생활이다. 나는 이 그림의 복제판을 본 적이 있는데, 그야말로 세련되고 섬세하다는 느낌을 받았다.

*

사르두의 경험은 꿈도 아니고 요괴나 악마와 관계도 없지만, 초자연적인 힘에 이끌려 예술 작품을 완성했다는 점에서 타르티니(Giuseppe Tartini)나 요시카(都良香)가 겪은 일과 유사하다고 할 수 있다.

06

광도(光度)에 의한 괴이한 얼굴 이야기

『동유기(東遊記)』와 『서유기(西遊記)』는 에도 시대 후반 다치바나 난케이(橘南谿, 1753~1805)[21]라는 의사가 일본 전국 방방곡곡을 다니며 배운 견문을 집대성한 책으로, 당시 베스트셀러였다. 이 『동유기』 중에 「사오육

---

21 에도 후기 의사, 문인.

골짜기(四五六谷)」라는 장이 있다.

「사오육 골짜기」는 엣추(越中, 도야마 현), 히다(飛驒, 기후 현 북부), 시나노(信濃, 나가노 현), 이 세 지방 사이에 위치한 계곡이다. 이곳은 진쓰 천(神通川) 상류에 있으며 아직 깊숙한 곳까지 들어간 사람이 없을 정도로 매우 깊다.

난케이에 의하면 당시 이 계곡 끝을 탐사하기 위해 히다 지방 후나쓰(丹津) 출신 남자 둘이서 3일분 식량을 가지고 계곡 물줄기를 따라 올라갔다고 한다. 그들은 식량이 거의 다 떨어진 뒤에도, 물고기를 낚아 끼니를 때우면서 계속 계곡 깊숙이 들어갔다.

그러던 어느 날, 두 사람 중 한 남자가 우연히 물고기를 낚고 있는 동료의 얼굴을 바라봤는데, 놀랍게도 도깨비 같은 괴이한 얼굴을 하고 있는 것이 아닌가. 그는 간담이 서늘해져 자신도 모르게 소리를 질렀고, 그 소리에 놀라 돌아본 동료도 함께 소리쳤다. 동료의 눈에도 그 남자의 얼굴이 도깨비로 보였던 것이다. 그들은 서로의 얼굴이 도깨비처럼 보이는 것은 이곳에서 뭔가 불길한 일이 일어날 징조라고 얘기하며 황급히 그곳을 떠났다.

이윽고 계곡에서 멀리 벗어나자 그들은 얼굴이 정상으로 돌아온 것을 확인했다. 두 사람은 후에 '그 계곡 안에는 필시 산신이 사는 것이 분명하다. 산신은 자신의 영역을 침범하는 것을 싫어해서 그곳에 발을 디딘 인간의 얼굴을 괴이한 얼굴로 보이게 하는 것'이라고 설명했다.

*

그러나 히다 지방의 다카야마(高山) 사람들의 말은 그들과 달랐다.

"그것은 산신의 짓이 아니라 산과 계곡 사이에 비치는 광선 때문에 사람 얼굴이 이상하게 보이는 겁니다. 히다 계곡에서는 사람 얼굴이 가늘고 길게 늘어져 보입니다. 그 계곡을 통과하면 정상으로 보이지요."

이상 『동유기』에 소개된 에피소드다.

깊은 산속에서 며칠이나 걸어 피곤한 여행자에게 착시 현상이 일어날 수도 있다. 그러나 두 사람에게 착시

현상이 동시에 일어나는 것은 흔한 일이 아니다. 또한 햇빛의 물리적·기상적(氣象的) 현상일지도 모른다.

　에도 시대의 『매옹수필(梅翁隨筆, 작자 미상)』에는 방 안에서 유사한 현상이 일어난 이야기가 기술되어 있다. 깊은 밤 등잔불 밑에 둘러앉아 바느질을 하고 있으면 여자들의 얼굴이 갑자기 무섭게 길어지거나 짧아진다는 것이다.

*

이러한 에피소드는 16세기 이탈리아의 마술사 바티스타 델라 포르타(Giambattista della Porta, 1538~1615)[22]의 램프 실험을 연상하게 한다. 포르타는 이러한 현상에 대해 다음과 같이 설명했다. "고대 철학자 아낙실라스(Anaxilas, 미상~476)는 촛불 심지나 타다 남은 것을 이용하여 사람 얼굴을 도깨비처럼 보이게 했다. 그러나 이런 것은 우리도 간단히 할 수 있는 것이다. 종마(種馬)와 막 교미를 끝낸 암말의 독소가 함유된 분비물을 새 램프에 넣어 태우면, 틀림없이 거기에 있는 사람들의 얼굴이 말처럼 보이게 된다."

이는 다소 미심쩍기는 하지만 호기심 많은 사람이라면 한번 실험해 봄 직하다.

---

22 르네상스기에 활동한 이탈리아 나폴리의 박학자, 의사.

07

미래를 점치는 거울

표면에 모든 사물을 비추는 거울은 예로부터 동·서양을 불문하고 가장 신비한 것으로 여겨졌다. 거울 속은 별세계이고, 우리가 사는 현실 세계와 대칭하고 있다. 이것만으로도 거울은 고대인에게 그야말로 불가사의한 매력을 가진 존재였다.

거울은 지금도 우리의 상상력을 끊임없이 자극하고

있다. 백설공주(Schneewittchen und die sieben Zwerge)[23]의 마법 거울이나, 앨리스(Alice's Adventures in Wonderland)[24]의 거울 나라, 콕토(Jean Cocteau, 1889~1963)[25]의 영화나 보르헤스(Jorge Luis Borges, 1899~1986)[26]의 판타지 소설 등을 연상해 보면 이해가 될 것이다.

마법 거울을 이용한 점술을 서양에서는 크리스탈로맨시(crystallomancy)라고 한다. 페르시아가 그 시초라 하는데 확실하지는 않다. 파우사니아스(Pausanias, 115?~180?)[27]의 『그리스이야기(Discription of Greece)』에 의하면, 대지모신(大地母神) 케레스(Ceres)[28]의 신전에서는 거울을 샘물 수면에 닿을 듯 말 듯하게 실로 매달아 놓고, 케레스에게 기도한 후 거울을 끌어올린다. 그

---

23 『백설공주와 일곱난쟁이』, 1812년 독일 그림 형제(Brüder Grimm)의 작품.

24 『이상한 나라의 앨리스』, 1864년 영국 루이스 캐럴(Lewis Carroll)의 작품.

25 프랑스 시인, 소설가, 극작가.

26 아르헨티나의 소설가이자 시인. 『전기집(傳奇集)』 등 종교, 신 등을 모티프로 한 환상적 단편소설로 유명하다.

27 그리스 여행가, 지리학자.

28 Ceres, 로마 신화에 등장하는 풍요신, 지모신.

러면 그 거울 속에 기도한 자의 미래 모습이 비친다고
한다.

거울 속 모습으로 미래를 점치는 크리스탈로맨시
는 그 후에도 유럽에서 크게 유행했다. 영국 엘리자
베스 시대의 점성술 박사 존 디(John Dee, 1527~1608 또
는 1609)[29]도, 종교전쟁 시대의 프랑스 왕비 카트린드메
디시스(Catherine de Médicis, 1519~1589)[30]도, 18세기 프
랑스혁명기의 유명한 사기꾼 카리오스트로(Alessandro
di Cagliostro, 1743~1795)[31]도 모두 거울 점술에 빠져 있
었다.

*

일본 가마쿠라(鎌倉) 시대의『고금저문집』에도 서양
의 크리스탈로맨시와 유사한 이야기가 나온다.

---

29 영국 연금술사, 점성술사, 수학자.
30 프랑스 앙리 2세의 비.
31 자칭 카리오스트로 백작. 낮은 신분으로 상류층을 상대로 갖가지 사
   기 행각을 함.

구조다이쇼코쿠(九条大相国)[32]가 아직 지위가 낮았을 때, 대궐 안에 있는 기사이마치노이(后町の井)라는 우물을 들여다보니, 대신(大臣)이 되어 있는 자신의 모습이 보였다. 몹시 기뻐하며 집으로 돌아와 거울을 보자 대신의 모습은 보이지 않았다. 걱정이 되어 재차 대궐로 들어가 우물을 들여다보니 대신의 모습이 보였다.

　그는 '거울로 가까이 보니까 아무것도 안 보이는 거다. 우물 안 깊숙이 들여다보면 대신이 된 내 모습이 보인다. 즉, 이는 오랜 세월이 지나서야 내가 대신이 된다는 의미가 분명하다.'고 생각했다. 과연 그는 세월이 꽤 지나고 나서야 대신이 되었다. 이처럼 그는 점술의 명인으로 가끔 좌대신(좌의정에 해당) 후지와라노 요리나가(藤原頼長, 1120~1156)의 관상을 봐주기도 했다고 한다.

　이 이야기는 엄밀히 말하면 거울이 아니라 물거울(水鏡)에 관한 이야기다. 그러나 거울과 물거울은 본질

---

32 본명은 후지와라노 고레미치(藤原伊通, 1093~1165)로, 헤이안 시대 말기 귀족.

적으로 같은 기능을 가지고 있다고 할 수 있다.

물거울의 기적은 일본의 모노가타리(物語)[33]나 연극에 자주 나오는 에피소드다. 예를 들면『사토미핫켄덴(里見八犬伝)』[34]에도 신견(神犬) 하치보(八房)가 짝사랑한 아와사토미(安房里見)가의 딸 후세히메(伏姫)가 벼룻물을 뜨면서 맑은 물에 자신의 얼굴이 비쳤는데, 얼굴이 강아지 모습으로 보였다는 괴이한 에피소드가 나온다. 일본에는 인과응보를 골자로 한 모노가타리가 많은데, 미래의 모습을 보여주는 거울이 작품의 중요한 복선으로 자주 이용되곤 한다.

*

인과(因果)는 염라대왕의 업경(業鏡)과 같은 것으로, 일종의 마법 거울이라 할 수 있다. 단지 이것은 미래가 아닌 과거를 보여주는 거울인 것이다.

---

33 줄거리가 있는 이야기. 일본 고전문학의 한 장르.

34 에도 시대 후기 교쿠테이 바킨(曲亭馬琴, 1767~1848)의 대표적인 괴이 소설.

    염라대왕 앞에 끌려 나온 죽은 자는 아무리 생전의 업보를 감추려 해도 거울 속에 수많은 죄악상이 선명하게 나타난다.

    기독교에서 죽은 자의 심판을 관장하는 것은 대천사 미카엘(Michael)로, 그는 손에 천칭(天秤)을 들고 죽은 자의 영혼 무게를 잰다. 이러한 복잡한 절차에 비하면, 일순간에 마치 기록 영화처럼 생전의 행위가 한꺼번에 보이는 업경(業鏡) 쪽이 훨씬 더 편리하고 문명적이라 할 수 있다.

08

돌에 나타난 얼굴

과학적으로 설명할 수 없는 기이한 현상은 지금
도 세계 각지에서 일어나고 있다. 스페인 안다르시아
(Andalucía) 지방도시 하엔(Jaén) 근처의 시에라 마히나
(Sierra Mahina) 산맥에 위치한 벨메스 데 라 모라레다
(Belmex de la Moraleda)에서 일어난 사건은 가장 괴이한
현상으로 전해지고 있다.

이 지방 주민들은 대부분 산 경사면에 보리나 올리브를 재배하거나 산양을 치며 살고 있다. 후안 페레이라도 아주 평범한 농부였다. 아내는 마리아 페레이라 고메즈 카마라라는 긴 이름을 가졌고, 그들에게는 디에고와 미게르라는 두 자녀가 있었다. 그들은 아주 부지런하고 단란한 가족으로 동네에서도 평판이 좋았다.

1971년 8월 어느 날, 마리아가 식사 준비를 하려고 난로에 있던 재를 털자 화실(火室) 돌 위에 뭔가 그림 같은 것이 보였다. 이상해서 남은 재를 다 털어 보니 돌 위에는 사람 얼굴이 선명하게 나타나 있었다. 마리아는 놀라 자빠졌다.

그녀는 너무 놀란 나머지 기절할 뻔했으나 용기를 내서 먼저 걸레로 닦아 그림을 지우려고 했다. 그러나 아무리 닦아도 지워지지 않는다! 물을 뿌려 문질러 닦아도 그 얼굴—여자 얼굴이었다—은 조금도 지워지지 않았다.

*

그것은 분명히 보통 체구의 여자 얼굴로, 눈도 코도 입도, 머리카락도, 계란형 얼굴도 잿빛에 가까운 색을 띠고 있었다. 그리고 아주 선명한 모습이었다. 마리아는 공포에 떨면서 남편과 동네 사람들을 불렀다.

"도대체 누구야! 이런 그림을 그린 놈은!" 페레이라가 놀라 물었다. 그러나 가족 중에 이렇게 그림을 잘 그릴 만한 사람은 없었다. 미신을 믿는 스페인 농부들은 필시 악마의 짓일 거라고 생각했다.

그 이후, 페레이라의 집에는 매일같이 구경꾼들이 몰려들었고, 그들의 방문이 귀찮아진 페레이라는 미장이를 불러 화실의 돌 위에 3cm 두께로 시멘트를 바르게 했다. 이것으로 페레이라는 한시름 놓았다.

그런데 시멘트가 굳어 가면서 다시금 같은 곳에 같은 여자 얼굴이 서서히 나타났다. 색도 점점 진해지면서 이윽고 이전과 같이 선명해졌다.

페레이라는 참다못해 다시 미장이를 불러 난로의 돌

을 들어내고 바닥을 파게 했다. 260cm 정도 파 내려가
자 유골이 나왔다. 그곳은 바로 무덤 터였던 것이다.

*

동서기담

기록을 조사해 보니 페레이라 일가의 집터는 일찍이 17세기 페리페(Felipe) 4세 때 묘지였다는 사실을 알게 되었다. 그렇다고는 하나 여자 얼굴에 대한 수수께끼가 풀린 것은 아니다.

페레이라는 판 곳을 흙으로 다시 덮고 바닥을 시멘트로 단단히 미장했다. 마리아는 파낸 돌을 부엌 한구석에 안치하고 꽃을 바치는 등 지성으로 공양했다.

이것으로 그들은 더 이상 얼굴이 나타나지 않을 것이라고 생각해 안심하고 있었다. 그런데 3개월 후 11월 11일, 새 시멘트 위에 또다시 여자 얼굴이 나타났다. 그러나 이번 얼굴은 전처럼 선명하지는 않고 얼굴 주변에 태양 주위을 떠도는 위성처럼 작은 얼굴들이 나타났다고 한다.

이에 과학자와 심령술가, 신문기자들이 모여 이 기이한 현상을 설명하기 위해 노력했지만, 결국은 해답을 얻을 수가 없었다. 염화은(鹽化銀)과 초산은(질산은)이 화합했기 때문이라는 의견도 있었지만, 왜 하필이면 여자 얼굴 모습인지에 대해서는 아직도 의문인 채로 남아 있다.

09

자기상(自己像) 환시(幻視)

자신의 모습이 마치 거울에 비치는 것처럼 눈앞에 나타난다면 사람들은 충격에 빠질 것이다. 정상적인 사람은 믿지 않을지도 모르지만 이러한 현상은 옛날부터 존재했고, 정신의학적 용어로는 오토스코피(Autoscopy, 자기상 환시)라 한다.

자살한 작가 아쿠타가와 류노스케(芥川龍之介,

1892~1927)[35]는 이 현상에 적지 않은 흥미와 관심이 있었는데, 그는 자신도 같은 경험을 했다고 믿고 있었다. 에도 시대 센다이(仙台)에 살고 있던 다다노 마쿠즈(只野真葛, 1763~1825)[36]가 쓴『오슈바나시(奧州波奈志)』라는 수필에는 일본에서는 보기 드문 현상인 '자기상 환시'의 전형적인 예가 소개되어 있다. 아쿠타가와는 이것을 자신의 창작 노트에 옮겨 적기도 했다.

기타 오사무(北男治)라는 사람이 외출하고 돌아와 방문을 열었는데, 책상에 어떤 남자가 앉아 있었다. 누군가 하고 자세히 보니, 머리 스타일부터 복장에 이르기까지 자신과 조금도 다르지 않았다. 자신의 뒷모습을 본 적은 없지만, 아무리 살펴봐도 자신이라고 인정할 수밖에 없었다. '얼굴을 확인해 봐야지.' 하고 다가가자 그 남자는 등진 채로 아주 조금 열려 있는 장지문 틈으로 스윽 빠져나가 버렸다.

오사무는 얼른 장지문을 열어 보았지만, 이미 그 남

---

35 일본의 대표적 단편작가. 대표작은『라쇼몬(羅生門)』.

36 에도 시대 중·후기 여류문학자.

자의 모습은 보이지 않았다. 너무 신기해서 이 일을 어머니에게 이야기하자 그녀는 아무런 말도 없이 얼굴을 찌푸릴 뿐이었다. 그 이후 얼마 지나지 않아 오사무는 병에 걸려 죽었다고 한다. 기이하게도 이 기타 가문은 3대에 걸쳐 가장이 자신의 분신을 보고, 그 직후에 죽었다고 한다.

이상 『오슈바나시(奧州波奈志)』에 나오는 「그림자 병(影の病)」이라는 에피소드였다.

*

이 에피소드가 말해주듯, 예로부터 '자기상 환시'는 죽음의 전조로 여겨지고 있다. 요시무라 히로토(吉村博任, 1921~2007)[37]라는 의사가 쓴 『이즈미 교카·예술과 병리』라는 책은 이러한 현상을 의학적으로 잘 설명하고 있으며, 내용 또한 매우 흥미롭다. 요시무라는 소설가

---

37 정신과 의사. 이즈미 교카(泉鏡花) 연구가.

이즈미 교카(泉鏡花, 1873~1939)[38]에게도 이러한 성향이 있었을 것이라고 추측하고 있다.

그런데 유럽에서는 이러한 현상에 대한 기록이 문학작품에 꽤 많이 등장한다. 예를 들면 괴테(Johann Wolfgang von Goethe, 1749~1832)[39]의 『시와 진실(Dichtung und Wahrheit)』 제3부에서는 작가가 다음과 같은 자신의 체험을 진술하고 있다.

괴테는 21세 때 스트라스부르대학(Strasbourg University)에 재학하던 당시, 근처 마을에 사는 프레데릭 목사의 딸과 사랑에 빠졌고, 졸업을 하면서 그녀와 헤어지게 되었다. 며칠 뒤 그는 말을 타고 시골길을 산책하고 있었는데, 맞은편에서 말을 타고 다가오는 자신과 똑같이 생긴 남자를 발견했다.

이상하게도 자신과 똑같은 남자는 이제껏 자신이 입은 적이 없는 금색이 섞인 엷은 회색 복장을 하고 있었다. 꿈인가 싶어 강하게 머리를 흔들자 그 환시(幻視)는

사라져버렸다. 그로부터 8년 후, 괴테는 프레데릭 목사를 만나러 같은 길을 지나게 되었는데, 정말 우연히도 이전에 보았던 자신과 똑같은 남자의 옷과 똑같은 옷을 입고 있었다. 괴테는 미래의 자기 모습을 본 것이었다.

*

정신의학에서는 이른바 이중인격(「지킬박사와 하이드」가 유명) 현상으로 알려져 있는데, 요시무라는 '이중인격'과 '자기상 환시'는 학술적으로 구별해야 한다고 주장한다.

10

말하는 인형

정성을 다해 제작한 인형이 마치 살아 있는 것처럼 말하기도 하고 움직이기도 한다는 이야기는 수없이 전해지고 있다. 인형은 사람 모습을 본뜬 것이니만큼 단순한 도구나 물건과는 달리 영혼이 깃들어 있다고 생각하기 때문일 것이다.

시바타 쇼쿄쿠(柴田宵曲, 1897~1966)[40]의 『요이박물관(妖異博物館)』을 인용한 『야마토 괴담 경일 전집(大和怪談頃日全集)』에 나오는 이야기를 소개하겠다. 이 이야기는 박력 있고 에로틱한 면도 있어 꽤 흥미롭다.

오오고번(大御番)[41]에 녹봉 400석을 받는 스가야 지로하치(菅谷次郎八)라는 무사는 신요시와라(新吉原) 유곽의 시라우메(白梅)라는 유녀와 사랑에 빠져 당직 때마다 매번 요시와라 유곽을 드나들었다. 그러던 어느 해, 지로하치는 교토 니조 성(二条城)의 당직을 맡게 되었고 한동안 에도(현 도쿄)를 떠나게 되었다. 그는 에도에 가는 사람 편을 통해 시라우메와 편지를 주고받으며 지냈다. 하지만 그것만으로는 만족할 수가 없었고, 인형 제작으로 유명한 다케다 야마모토(竹田山本) 인형 공방 장인(匠人)에게 부탁하여 시라우메와 똑같이 생긴 여자 인형을 제작하게 했다.

---

40 가인. 수필가. 서지학자.
41 에도막부 직제 중 하나. 평상시에는 요지, 성곽 수비에 임했고, 전시에는 선봉장에 섰다.

그 인형은 보통 사람 크기였고 복부에 따뜻한 물을 주입하여 사람 체온처럼 따뜻하게 해서 껴안고 잘 수 있는 그야말로 심혈을 기울인 걸작품이었다. 지로하치는 그 인형 앞에서 마치 시라우메와 이야기하듯이 "시라우메, 당신은 나를 정말 멋있다고 생각해?"라고 말을 걸었다. 그러자 인형이 입을 움직여 "그렇고 말고요, 사랑스러워요."라고 답했다.

아무리 뛰어난 장인이 제작했다고는 하나 말까지 할 줄이야……. 지로하치도 그저 놀랄 수밖에 없었다. 그는 여우 혼이 인형에 붙은 것은 아닐까 하는 생각마저 들었고, 그냥 놔둬서는 안 되겠다고 생각했다. 지로하치는 곧바로 베갯머리에 놓아둔 검으로 그 섬뜩한 인형을 두 동강 냈다.

그런데 인형을 벤 당일 같은 시각, 엔쿄(延享, 1744~1748) 토끼해(巳年) 7월 5일 축시(오전 2시경)에, 에도 요시와라에 있던 시라우메도 그날 첫 손님의 칼에 가슴을 찔려 절명했다고 한다. 그리고 그녀를 찌른 남자도 자살했다. 시라우메는 손님의 자살 동반자로 희생된 것이다.

이 이야기는 메리메(Prosper Mérimée, 1803~1870)[42]의
단편소설 『일의 비너스(La Venus D'ille)』를 연상케 한다.
인형이 등장하는 것과 에로틱한 분위기, 섬뜩한 장면
등이 닮았다.

하기야 『일의 비너스』에 등장하는 것은 인형이 아
닌 청동제 고대 조각상이다. 한 청년이 경식(硬式) 테니
스를 하고 있었다. 그는 약혼반지가 거추장스러워 아무

---

42 프랑스 작가, 대표작 『카르멘(Carmen)』.

생각 없이 비너스상 손가락에 잠시 끼워놓았다. 그런데 어찌 된 일인지 그 반지가 구부러져 빠지지 않게 되어버렸다. 조각상이 청년의 약혼자가 되어버린 셈이다. 혼례를 올린 그날 밤, 청년이 신부를 껴안으려 하자 갑자기 거대한 비너스상이 나타나 청년을 껴안고 무참하게 짓눌러 죽여버린다.

*

비너스상이 밤마다 받침대에서 내려와, 어슬렁어슬렁 걸어 다닌다는 전설은 그리스 시대부터 자주 전해지고 있었다. 이 비너스상들은 음탕하여 남자를 찾아 방황했던 것 같다. 그래서 밤에는 꼭 단단히 묶어놓아야 했다고 한다.

살아 있는 여성보다 인형을 사랑하는 취향을 심리학 용어로 '피그말리온 콤플렉스(Pygmalion Complex)'라고 하는데, 소설이나 괴담에는 이것을 주제로 한 작품이 많다.

11

똑같은 꿈을 꾼 이야기

원래 꿈은 불가사의한 현상인데, 그 불가사의한 꿈 중에도 멀리 떨어져 있는 두 사람이 동시에 같은 꿈을 꾸는 현상만큼 불가사의한 일은 없을 것이다. 두 사람의 염력이 서로 통해서일까. 그렇지 않으면 자고 있는 동안 두 사람의 혼이 각각 육체로부터 떨어져 나가 어딘가에서 만난 것일까.

중국의 『수신기(搜神記)』, 『이몽기(異夢記)』, 『삼몽기(三夢記)』 등에는 아주 기묘한 꿈 이야기가 많이 등장하는데, 우선 『곤자쿠모노가타리』 31권의 한 이야기를 소개하겠다.

쓰네즈미(常澄)에 사는 야스나가(安永)라는 자가 주군(主君)의 심부름으로 가미쓰케(上野) 지방에 갔다가 장기간 근무를 마치고 교토로 귀가하던 도중, 미노(美濃) 지방의 후와노세키(不破の関)에서 하룻밤을 보내게 되었다. 야스나가는 교토에 젊은 아내를 두고 와서 걱정이 되기도 하고, '내일은 아내 얼굴을 볼 수 있다.'고 생각하자 어쩐지 더욱 그리워졌다. 그 때문인지 그날 밤 그는 아내 꿈을 꿨다.

꿈에 교토 쪽에서 횃불을 들고 한 젊은이가 여자를 데리고 오고 있었다. '누구일까?' 하고 가까이 다가오는 모습을 자세히 보니, 놀랍게도 동행한 여자는 교토에 남겨두고 온 자신의 젊은 아내였다. '아, 이건 좀 이상하다.'고 생각하고는 좀 더 보고 있자니까 두 남녀는 자신이 투숙한 방 옆방으로 서둘러 들어가 버렸다.

*

　야스나가가 벽에 뚫린 구멍으로 옆방을 들여다보니, 두 남녀는 아주 사이좋게 식사를 하고 있었다.

　'음, 내가 집을 비운 사이 이년이 젊은 놈하고 붙은 건가?' 하고 생각하자 갑자기 화가 치밀었지만 어쨌든 당분간 지켜보기로 하고 집중해서 관찰했다. 그러자 식사를 끝낸 두 사람은 서둘러 이불을 깔고 서로 껴안고 자는가 싶더니 이게 어찌 된 일인가. 합방을 하기 시작하는 것이었다.

　여기까지 목격한 이상 더는 참을 수 없어 야스나가는 옆방으로 뛰어들었다. 두 사람을 죽이기로 결심한 것이다. 그런데 그 방은 아주 컴컴하고 아무도 없었다. 그 순간 퍼뜩 눈을 떴다. '뭐야, 꿈이었어!'

　불길한 꿈 때문에 불안해진 야스나가는 날이 밝자마자 서둘러 교토에 도착하여 집 대문간에 들어섰다. 아내는 무사했고 야스나가도 안도의 한숨을 쉬었다. 그때 아내가 웃으면서 말했다. "어젯밤 이상한 꿈을 꿨어요.

모르는 젊은 남자가 와서 저를 데리고 어딘가로 갔어요. 그리고 빈집이 있어서 들어가 둘이서 식사를 하고 같이 잤답니다. 그러자 갑자기 당신이 뛰어들어오지 않았겠어요? 정말 깜짝 놀랐어요."

『곤자쿠모노가다리』 편자는 마지막에 '너무 걱정하면 오히려 의심암귀(疑心暗鬼)가 붙으니 주의해야 한다.'고 설명하고 있다. 이 기묘한 꿈 이야기는 적어도 남자 쪽에서 보면 망상에 가까운 것일지도 모른다.

흥미로운 것은 남편 야스나가가 벽에 있는 구멍을 통하여 아내가 꾼 간통 꿈을 들여다보고 있는 상황이다. 어쩌면 아내는 거짓말을 하고 실제로 바람을 피웠을지도 모른다.

*

중국의 『삼몽기(三夢記)』에는 다음과 같은 이야기가 나온다. 시인 백낙천(白樂天, 772~846)[43]은 곡강(曲江)에 놀러 가 자은사(慈恩寺)에 들러 참배하고는 멀리 여행을 떠난 친구 미지(微之, 779~831)[44]가 그리워 술을 마시며 시를 한 수 지었다. 그러자 마침 그때 멀리 떨어져 있던 미지도 백낙천이 장안(長安)에서 놀고 있는 모습을 생생하게 꿈에서 봤다는 이야기다. 이것도 일종의 텔레파시, 초능력과 같은 것일지도 모른다.

---

43 중국 당나라 시인.
44 본명 원진(元稹). 당대 중기의 문인, 시인, 재상. 자는 미지(微之).

12

하늘에서 내리는 고서머(gossamer)

하늘을 나는 UFO 목격담은 너무 많아 이제는 언론에서도 별로 취급하지 않는 것 같다. UFO의 출현은 심리학자 융(Carl Gustav Jung, 1875~1961) 등이 논증한 것에 의하면, 20세기부터 나타난 현상이 아니라, 중세 독일에서도 심심치 않게 일어났다고 한다. 그것에는 뭔가 그 시대의 불안에 대한 구제(救濟)의 상징으로서 인간이 본능적으로 추구하는 환상이 있었을지도 모른다.

UFO와는 전혀 다른 이야기인데, 역시 하늘에서 내려오는 기묘한 물질로 고서머라는 것이 있다. 에도 시대의 신기한 이야기를 모은 『매옹수필(梅翁隨筆)』에는 다음과 같이 쓰여 있다.

1799년 10월 14일은 날씨가 쾌청했고 바람도 없는 포근한 날이었다. 그날 오사카(大坂)에서는 요도가와(淀川)부터 덴노지(天王寺)에 걸쳐 마치 거미줄 같고 실 끝이 둥글게 뭉쳐진 것이 끊임없이 허공을 위아래로 비행하고 있었다고 한다.

그중에 한두 개 지면에 떨어진 것이 있어 주워 보니, 거미줄과 똑같았고 단지 다른 점은 실 굵기가 거미줄보다 다소 굵었다. 그리고 손으로 비비면 흔적도 없이 사라졌다.

이 거미줄과 흡사한 물질은 그날 낮부터 날기 시작하여 정오를 지나 최고조로 비행했다. 오후 2시경에는 이미 보이지 않았다. 그 다음 날도 전날처럼 쾌청한 날씨였고 단지 바람이 조금 부는 정도였다. 사람들은 오늘도 그 물체가 날아다니지 않을까 기대하고는 아침 일

찍부터 나와 하늘을 올려다보며 기다렸다. 하지만 그날
은 전혀 나타나지 않았다고 한다.

　『매옹수필(梅翁隨筆)』의 작자는 이 현상의 원인을 밝
히지 못했지만, 추측하건대 고서머일 것이다.

*

　랜덤하우스 영어사전[45]에는 고서머를 '풀이나 덤불
이 엉켜 있는, 또는 따뜻한 가을날 공중을 떠다니는 가
느다란 거미줄'로 풀이하고 있다. 도호쿠 지방(東北地
方)에서는 '눈 맞이(雪迎え)', '눈 아내(雪女房)'라 불리
는데, 일본에서도 이 현상을 이미 옛날부터 알고 있었
던 것 같다. 이것이 날면 곧 마을에 눈이 내린다고 해서
이런 이름이 붙은 것 같다.

　요컨대 이것은 거미가 은색 실을 반사시키면서 집단
을 이루어 공중을 떠도는 현상이다. 아주 가볍기 때문
에 좀처럼 지면에 떨어지지 않고 아주 맑고 바람이 약

45　Random House Dictionary of the English Language.

한 날에 뭉게뭉게 공중을 나는 것이다.

셰익스피어(William Shakespeare, 1564~1616)[46]의 『로미오와 줄리엣』에는 이 고서머를 사랑하는 사람의 바람기에 비유한 부분이 있다. 제2막 6장에서 수도승 로렌스는 다음과 같이 말한다.

"오, 그 경쾌한 발자취, 견고한 돌길은 조금도 마모되지 않을걸! 사랑하는 자에게는, 변덕스러운 여름 바람 흩날리는 고서머도 안락하고 기분 좋은 요람이랄까……. 짓궂은 환희는 그만큼 가벼운 것이다."

에도 시대 오사카에서도 이 고서머가 빈번히 날아올라 사람들의 이목을 끈 사실을 알았다면 아마 셰익스피어도 놀랐을 것이다.

*

하늘에서 이물질이 내리는 현상은 흔히 있는 일이

---

46 영국의 극작가, 시인.

다. 쇼지 센스이(庄司浅水, 903~1991)[47]의 『기담천야일야(奇談千夜一夜)』에 의하면 1924년 3월 오스트레일리아 퀸즈랜드 주 롱리치 시(市)에서는 비에 섞여 3~7cm 크기의 살아 있는 물고기와 개구리가 떨어지는 소동이 일어났다고 한다.

원인을 분석한 결과, 이 현상은 바람이나 소용돌이로 인해 저수지나 연못의 물이 공중으로 휩쓸려 올라가 비와 함께 떨어진 것으로 그리 놀랄 만한 일은 아니다.

---

47 일본 논픽션 작가, 서지학자.

13

방귀 명인

안에이(安永, 1772~1780) 시기의 방귀 명인 이야기는 히라가 겐나이(平賀源内, 1728~1780)[48]의 『방귀론(放屁論)』에도 소개되고 있고, 기무라 겐카도(木村蒹葭堂,

---

[48] 에도 중기 네덜란드학 전문가, 지질학자, 의사.

1736~1802)[49]의 『겐카도 잡록(蒹葭堂雜録)』에도 나온다. 그는 1774년, 료코쿠교(両国橋) 부근과 오사카 도톤보리(道頓堀)에서 큰 인기를 얻으며 관객들의 갈채를 받은 천재적인 연예인이었다. 당시에는 정말 대단한 인기였던 것으로 보인다. 그는 방귀를 샤미센, 고우타(小唄), 조루리(浄瑠璃)[50]에 맞춰 코믹하게 나누어 뀔 뿐만 아니라 모든 소리를 방귀로 흉내 냈다.

겐나이에 의하면 그는 대단한 명인이었다고 한다. 그는 이러한 방귀 명인은 전대미문이고 일본뿐만 아니라, 당나라, 조선을 비롯하여 인도, 네덜란드 등 어떤 나라에도 그러한 사례가 없을 거라고 말했다. 그러나 이후 100년 정도 지나 프랑스 파리에 일본 방귀 명인에 필적하는 천재적인 방귀 명인이 등장했다.

---

49 에도 중기 문인, 화가.

50 주로 남녀 정사를 다룬 인형극.

*

　1891년, 당시 유명한 뮤직 홀 물랑루즈의 음악감독에게 한 남자가 찾아왔다. 그는 자신에게 생리적 특기가 있다고 홍보하면서 자기소개를 하였다.

　"생리적 특기? 그게 뭔데?"라고 감독이 묻자, 남자는 자못 진지하게 대답했다. "저는 항문에 강한 흡인력을 갖고 있습니다. 물을 담은 대야를 가져와 주시겠습니까? 그 증거를 하나 보여드릴 테니까……."

　대야를 가져오자 남자는 바지를 내리고 물에 엉덩이를 담그더니, 놀란 표정으로 보고 있는 감독 앞에서 대야의 물을 남김없이 빨아들였다. 빨아들였는가 싶더니 이번에는 배출하고 또 다시 빨아들이고, 그야말로 자유자재였다.

　"야! 대단한 재주다. 그러나 자네, 무대에서는 뭘 하고 싶은 건가?"라고 감독이 묻자 "네, 실은 방귀 연주를 하고 싶습니다. 저는 조금 전 보여드린 물 퍼포먼스처럼 공기도 자유자재로 흡입하고 배출시킬 수 있어서요……"라고 말하고는 바로 상체를 구부리고 엉덩이를 뒤로 조금 올리더니 갑자기 프랑스 국가를 연주하기 시작한다. 감독은 박장대소하며 바로 계약서에 사인을 했다고 한다.

자, 이제부터 대단한 일이 벌어진다. 당시 유명한 샹송 가수 이베트 길베르(Yvette Guilbert, 1865~1944)[51]가 쓴 회상록에 의하면, 물랑루즈의 좁은 객석에 몰려든 관객들이 서로 밀고 당기고, 배꼽을 잡고 웃고, 눈물이 날 정도로 포복절도했다고 한다. 너무 웃어서 경련을 일으키는 부인도 있었고, 극장 전체가 흥분의 도가니가 되었으며 그 웃음소리와 히스테릭한 비명 소리는 100m나 떨어져 있는 곳에서도 가깝게 들릴 정도였다고 전하고 있다.

*

벨 에포크(Belle Époque)[52]라 불린 세기말 파리 최고

---

51 프랑스 카페 콘서트 등에서 활약한 카바레 가수, 여우.
52 '아름다운 시절'. 특히 프랑스에서 문화·예술이 번영했던 19~20세기 초를 가리킴.

의 흥행은 바로 이 방귀 명인 쇼였을 것이다. 그의 이름은 푸졸(Pujol), 당시 나이 34세로 네 아이의 아버지였다. 방귀 연주 외에도 그는 30cm 떨어진 곳에서 방귀의 힘만으로 촛불을 끄는 재주도 있었다.

14

통나무배의 여자

일본은 섬나라여서 사방이 바다로 둘러싸여 있다. 게다가 남쪽에서 북상하는 흑조(黑潮, 구로시오 해류)가 두 개로 나뉘어 태평양 연안과 일본 쪽 해안으로 밀려오기 때문에, 옛날부터 오만 가지 것들이 바다 저편에서 밀려들어 온다. 통나무배 전설은 이러한 지리적 조건을 빼놓고서는 생각할 수 없다.

통나무배는 큰 나무를 통째로 파내서 만든 배다. 주술신앙 세계에서는 바다 저편 상상의 나라에서 표류한 불가사의한 신이 타고 있는 배, 혹은 공중의 용기(容器) 같은 것이라고 생각하면 될 것이다. 『고사기(古事記)』에 등장하는 스쿠나히코나(少名毘古那)가 타고 온 박주가리, 일본 민화에 나오는 우리코히메(瓜子姫)가 태어난 강 상류에서 떠내려온 박, 모모타로(桃太郎)가 태어난 복숭아, 이 모두가 통나무배의 일종이라고 생각하면 될 것이다.

통나무배에 관한 전설은 일본 각지에 널리 퍼져 있는데 그중에서도 가장 기상천외하고 공상 과학 소설을 연상케 하는 작품은 에도 시대 수필 『토원소설(兎園小說)』에 나오는 이야기일 것이다. 야나기타 구니오(柳田国男, 1875~1962)[53]는 과장된 이야기라고 일축하고 있지만, 이 수필의 작자는 실화라고 믿고 있다.

---

[53] 일본의 민속학자.

*

　1803년 2월 22일 정오 즈음, 이바라키 현(茨城県)의 하라야도리(原舎濱) 해안에서 저 멀리 배처럼 보이는 물체가 떠 있어 사람들이 육지로 끌고 와서 살펴봤다. 모양이 향 상자처럼 둥글고 길이는 3간(間) 정도, 위쪽은 유리 같은 것으로 되어 있어 내부가 들여다보이고, 바닥에는 철판이 깔려 있으며, 틈은 송진으로 마감 처리가 되어 있는 정말 기묘한 배였다. 간략하게 설명하면 하늘을 나는 UFO를 그대로 잠수함으로 만든 듯한 모양의 배다.

　더욱 놀라운 것은 배 유리문을 통해 들여다보니, 외국인 같은 한 여자가 안에서 싱글벙글 웃고 있었다. 그녀는 젊고, 얼굴은 복숭아색, 눈썹과 머리는 빨간색, 뒤로 길게 늘어뜨린 머리카락은 하얀색이었다. 아마도 백분을 발랐던 것 같다. 배 내부에는 그 외에 깔개가 2장, 물 2되 정도 들어 있는 물병, 과자, 훈제 고기 등이 있었다. 또 여자는 60cm 정도의 정육면체 상자를 한쪽 옆구리에 끼고 잠시도 떼어놓으려 하지 않았다. 물론 말도 통하지 않았다. 사람들이 어찌 된 일인가 수군대는 모습을 싱글벙글하면서 가만히 바라보고 있을 뿐이었다.

사람들이 생각해낸 것은 이 여자는 필시 외국 왕의 딸로, 결혼한 뒤 다른 남자가 생겨 그 사실이 탄로 나 남자는 죽임을 당했지만, 여자는 왕녀인 까닭에 죽일 수가 없어 이런 식으로 통나무배에 가두어 바다로 내보냈다는 것이었다. 여자가 안고 있는 상자 안에는 죽은 남자의 목이 있을 거라고 상상했다.

1803년이면 외국선이 일본 연안을 위협하기 시작했을 무렵이다. 이 수필의 작자는 이 여자를 러시아인 아니면 영국인, 미국인, 인도인 등으로 상상하고 있다. 지금이라면 필시 스파이가 아닐까 의심했을 텐데 역시 에도 시대 사람들은 꽤나 낙천적이었던 것 같다.

안타깝게도, 사람들은 이 사건을 공식적으로 표면화시키면 일이 커질 것이라는 이유로 통나무배를 그대로 먼 바다로 떠내려 보냈다고 한다. 여자는 아마 식량이 떨어져 굶어 죽었을지도 모른다.

　야나기타 구니오가 단언했듯이, 이 이야기는 순전히
허구일지도 모르지만 그래도 뭔가 마음속에서 쉽게 지
워지지 않는 느낌이다. 아마도 UFO 모양의 통나무배
라는 이미지에 초시대적 모티프가 있기 때문일지도 모
른다.

15

선녀의 입맞춤

오타 난포(大田南畝, 1749~1823)[54]의 수필 『반일한화
(半日閑話)』에는 하늘에서 선녀가 내려와 남자를 희롱
한다는 내용이 나온다. 왠지 유머러스하고 흥미로운 기
담(奇談)이다. 다테 마사무네(伊達政宗, 1567~1636)의 아

---

54 에도 시대 후기 광가사(狂歌師), 극작가.

들 다다무네(忠宗, 1600~1658)[55]의 가신이었던 반미 마고 에몬(番味孫右衛門)이라는 자가 집에서 잠을 자고 있는데, 하늘에서 선녀가 사뿐히 내려와 입을 맞춘 느낌이 들었다. 눈을 떠 주위를 살펴보니 물론 아무도 없었다. 마고에몬은 참으로 묘한 꿈을 꾸었다고 생각했지만, 무사인 자신이 이런 꿈을 꾼 게 왠지 멋쩍어서 아무에게도 말하지 않았다.

그런데 그 일이 있은 후 마고에몬이 말을 할 때마다 그의 입에서 향기로운 냄새가 났고, 주위 사람들은 이것을 매우 신기해했다. 마고에몬 자신도 너무 이상해서 견딜 수 없었다. 친한 동료 중에는 이런 말을 하는 자도 있었다.

"자네는 정말 몸 관리를 참 잘하나 봐. 항상 입에서 좋은 향기가 나는 걸 보면……. 마치 향기로운 구슬을 물고 있는 것 같아."

이에 마고에몬은 실은 얼마 전 선녀와 입 맞추는 꿈을 꾸고 나서 어찌 된 일인지 입에서 향기가 나게 되었다고 고백했다. 뜻하지 않은 고백을 듣고 동료도 여우

---

55 전국·에도 시대 초기 센다이 번(仙台藩) 초대 번주.

에 홀린 듯한 표정을 지었다. 그도 그럴 것이 마고에몬 이라는 자가 아주 뛰어난 미남도 아니고, 어딜 봐도 선 녀에게 인기가 있을 것 같지 않은 그저 평범한 남자였 기 때문이다.

*

장난기 많은 선녀가 심심풀이로 한 짓이었을까. 어 쨌든 마고에몬 입 안의 향기는 그가 죽을 때까지 없어 지지 않았다.

이 에도 시대 에피소드에는 일본적이거나 종교적인 면이 전혀 없다. 그러나 유럽의 경우, 예수나 마리아와 의 입맞춤 경험담에는 반드시 종교적 황홀감이 따른다. 이는 성적 오르가슴과는 비교도 안 될 정도의 강렬한 황홀감이다.

주르 보아(Jules Bois, 1860~1930)[56]의 『악마 예배와 마 술』이라는 책은 그것에 관한 몇 가지 예를 소개하고 있다.

---

56 19세기 말 프랑스 오컬트 저널리스트.

*

　1816년 프랑스 어느 한 시골에 마리 앙쥬(Marie
Ange)라는 17세 소녀가 있었는데, 여러 기적을 보여준다는 소문이 있었다. 저절로 손이 움직여 예수나 마리아의 말을 종이에 쓰거나 한쪽 다리로 발을 세운 다음 빙글빙글 돌면서 예언을 하기도 했다. 그러나 무엇보다도 놀라운 일은 그 소녀가 예수와 입맞춤을 하자마자 입 안에서 달콤한 시럽이 만들어졌고, 그 뒤로 엄청난 양의 시럽을 토해냈다고 한다.

놀란 사람들이 이 시럽을 손가락으로 찍어 맛을 보니 실로 달콤하고 향기로운 맛이었다고 한다.

때로는 예수의 입맞춤이 격렬해지면 그 소녀는 입에서 향긋한 사탕을 뱉어냈다.

"입맞춤 소리가 들릴 정도가 되면 마리 앙쥬는 황홀감에 빠졌다."고 목격자는 적고 있다.

"입맞춤 한 번 할 때마다 완두콩만 한 크기의 사탕이 한 개씩 입안에서 나왔다. 사탕이 입 안에 가득 차면 그녀는 다양한 색의 사탕을 후드득 뱉어냈다."

단순한 심리나 생리의 착각이 아니라, 시럽이나 사탕 같은 구체적인 물질이 나오는 것이기 때문에 이는 도저히 과학적으로 설명할 수 없다.

16

유령을 좋아하는 영국인

영국인들은 전통적으로 유령을 아주 좋아한다. 예를 들면 1894년 7월에 간행된 500페이지에 달하는 앙케트 보고서에는 다양한 계층의 17,200명 남녀가 다음과 같은 질문에 답하고 있다.

'당신은 유령을 본 적이 있습니까? 본 적이 있으면 눈으로 봤습니까? 소리를 들었습니까? 아니면 유령과

어떤 접촉을 했습니까?'

유령을 본 적이 있다고 답한 2,272명의 답변 중, 조사위원회는 1,652명의 증언만을 신뢰했다. 이 1,652명의 회답 중 눈으로 본 것이 1,120건, 소리를 들은 것은 388건이었고, 유령이 꼬집거나, 쓰다듬거나, 머리채를 잡아당겼다고 한 대답은 144건에 불과했다. 역시 시각적으로 느끼는 것이 압도적으로 많았다.

좀 더 구체적으로 말하면 밤에 잠자리에 들 때, 유령이 등장했다는 예가 423건, 대낮에 집 안에 나타났다는 예가 438건, 밖에서 봤다는 예가 201건이었다.

이것은 19세기 말의 이야기로, 20세기에도 여전히 유령은 그들의 관심사였다. 1951년에는 교령현상과학연구협회(交靈現象科學硏究協會)라는 단체가 어떤 통계학자의 연구를 발표했다. 이 학자는 만 3년 동안 영국에 출현한 고대 및 근대 유령을 자세히 조사했다.

*

영국에서는 역사적 인물 대부분이 죽은 뒤 유령

이 되어 나타난다고 한다. 그들이 등장하는 장소도 거의 정해져 있다. 예를 들면, 헨리 8세의 두 번째 왕비로, 불의의 사고로 처형당한 앤 불린(Anne Boleyn, 1507?~1536)의 유령은 반드시 호바성, 비크링 공원, 런던 탑에 나타난다고 한다. 모습을 식별하는 것은 긴단하다. 이 유령은 목이 없는 상태로 이리저리 헤매고 다닌다.

1628년에 암살당한 미남 버킹햄(Buckingham) 공작 유령은 윈저 성에 자주 출몰하고, 1603년에 죽은 엘리자베스 1세(Elizabeth I, 1533~1603) 유령은 항상 성 안에 있는 도서실에 나타난다. 해밀턴 부인(Emma, Lady Hamilton, 1765~1815)[57] 유령은 케임브리지 스퀘어 2번지에 있는 한 건물에 나타난다.

영국은행 지하실에는 18세기에 죽은 한 현금출납계원의 시체가 지금도 묻혀 있어, 그 유령이 밤낮 가리지 않고 은행을 지키고 있다. 그는 체구가 매우 거대했기 때문에 사망 후 유체를 해부해야 했는데, 이를 꺼렸던

---

57 18세기 후반 런던 사교계 명사 애인. 특히 넬슨 제독의 애인으로 유명.

가족들이 은행에 특별히 부탁해서 지하실에 매장되었
다고 한다.

*

영국인에게 유령 출현 뉴스 등은 지극히 일상적인 것이기 때문에 누구도 그런 일로 놀라거나 하지 않는다. 1964년에는 레티라는 심령학자가 '유령이 보이는 안경'을 발명했다. 당시 주간지에 광고가 실렸는데, 레티는 "이 안경을 쓰면 모든 살아 있는 인간의 영체(靈體)가 보일 뿐만 아니라, 심령의 본질을 식별하거나, 유령 집에 나타나는 유령이나 망령을 관찰할 수도 있다."며 자화자찬을 늘어놓았다.

이것이 어떤 안경인가 하면, 플라스틱 렌즈 두 개를 포개어, 그 사이에 파란 액체를 채운 것이었다. "입금과 동시에 리필용 액체 1병과 렌즈 1세트를 보내드립니다."라는 광고 문구를 보면 왠지 신뢰가 가지 않는다.

어쨌든 유령으로 돈을 버는 사기성 사업이 존재한다는 것은 영국이라는 나라의 독특한 풍속으로, 영국 외 다른 나라에서는 생각할 수도 없는 일이다.

17

옛 물건의 둔갑

시마즈 히사모토(島津久基, 1891~1949)[58]의 『라쇼몬 도깨비(羅生門の鬼)』에 의하면, 도깨비의 원류는 조선으로, 오래된 기물이 둔갑한 것이라고 한다. 도깨비는 방화 상습범으로, 원인 불명의 화재는 대개 도깨비의 장

---

[58] 국문학자, 도쿄대학 교수.

난에서 비롯된 것이라고 한다.

오래된 기물이 도깨비가 된다는 전설은 일본에도 존재하는데, 이 도깨비를 쓰쿠모가미(付喪神)라고 부른다. 산이나 강, 습지 등에 서식하는 동물이 해를 거듭하면서 신비로운 힘을 갖게 되고 신령이 되어 그곳의 주인이 되는 것이다.

따라서 매년 섣달그믐이 되면 사람들은 스스하라이(煤払い)[59]라 하여 오래된 가재도구를 길에다 버렸다. 이 대청소는 단순히 위생 관념에서가 아니라 오래된 가재도구가 도깨비로 둔갑하는 불상사를 피하기 위해서였던 것 같다.

무로마치 시대(室町, 1338~1573)에 유행했던 이야기책 중 하나인 『쓰쿠모가미기(付喪神記)』에는 버려진 도구들이 마치 해고당한 회사원들처럼 한곳에 모여 도깨비로 둔갑한 뒤 은혜를 모르는 인간들에게 복수하려고 담합하는 장면이 묘사되어 있다. 이리하여 갑옷이나 투구, 북, 피리, 거울, 화로 같은 낡은 도구가 손·발이 달

---

59 연말 대청소.

린 모습으로 깊은 밤 큰길을 줄지어 행진한다. 이것이 이른바 '백귀야행(百鬼夜行)'이다.

같은 무로마치 시대의 『바케모노소시(化物草子)』에도 낡은 기물이 둔갑하는 이야기가 나온다. 그중 하나를 소개하겠다.

*

교토 구조(九条) 부근의 쓰러져 가는 주택에 홀로 쓸쓸히 사는 여자가 있었다. 어느 날 여자가 동네 사람에게 얻어 온 밤을 혼자서 먹고 있었는데, 거실 바닥난로(囲炉裏)[60]에서 하얀 손이 스윽 나와 "밤 좀 줘." 하며 손짓을 했다.

무섭기는 하지만 그 손이 너무 귀여워 재미삼아 밤 한 개를 주었더니 받아들고는 들어갔다. 들어갔는가 싶더니 또 손을 내민다. 또 한 개를 주니 들어갔다가 다시 내민다. 같은 행동을 4, 5회 반복하다가 겨우 끝이 났다.

---

60 일본 전통적 난방 양식으로 마룻바닥을 사각형으로 잘라내서 만든 화로.

다음 날 아침, 이상하게 생각한 여자가 난로 바닥 밑을 자세히 보니, 작고 하얀 주걱 한 자루가 밑에 떨어져 끼어 있었다. 밤도 그대로 여기저기 흩어져 있었다. 즉, 지난밤에 나타난 하얀 손은 낡은 주걱이 둔갑한 쓰쿠모가미였던 것이다.

*

고이즈미 야쿠모(小泉八雲, 1850~1904)[61]가 쓴 「친 친 고바카마」라는 이야기도, 출처가 어딘지 모르지만, 쓰쿠모가미의 일종이라 생각된다.

어느 예쁘지만 무뚝뚝한 여자아이가 커서 무사와 결혼했다. 남편은 전쟁터에 가 있었는데 어느 날 밤, 이상한 일이 일어났다. 희미하게 소리가 나서 눈을 뜨자 베갯머리에 키가 30cm밖에 안 되는 난쟁이 수백 명이 춤을 추고 있는 것이었다. 난쟁이들은 제각기 무사 예복

---

61 본명은 라프카디오 헌(Lafcadio Hearn). 영국 출신 문학자, 일본으로 귀화했다.

(袴, 하카마)을 입었고, 허리에 크고 작은 칼을 차고 그녀를 보고 웃고 있었다.

그리고 그들은 "친 친 고바카마 조용한 밤에⋯⋯" 라는 묘한 노래를 몇 번이고 반복해서 부르는 것이었다. 그러한 행위는 매일 밤 오전 2시경부터 새벽까지 이어졌고, 그녀는 결국 신경증에 걸리고 말았다.

이윽고 남편이 돌아와 아내가 병든 원인을 듣고, 침실 붙박이장 안에 숨어 상황을 지켜보기로 했다. 난쟁이들이 나타나자 남편은 칼을 뽑아 닥치는 대로 벴다. 그러자 난쟁이들은 순식간에 사라지고 낡은 이쑤시개 한 묶음이 다타미 위에 흩어져 있었다는 이야기다.

18

새로 둔갑한 산모 이야기

의학이 보급되지 않았던 시대에는 출산하다 죽은 여자가 꽤 많았던 것으로 보인다. 그렇지 않으면 '우부메(産女)'라는 피비린내 나는 유령 이야기가 존재할 리가 없다. 우부메는 '고획조(姑獲鳥)'라고 표기하기도 하는데, 이처럼 사람들은 우부메를 여자 유령 또는 비 오는 날 밤 불길한 소리로 울면서 날아다니는 일종의 새로

여긴 것 같다. 출산하다 죽은 여자가 한을 품고 새로 둔
갑한 것이다.

그리스신화에도 하르피아(Harpyia)[62]라는 괴물 새
가 나오는데 우부메와는 전혀 다르다. 오히려 라미아
(Lamia)[63]라는 여성이 우부메와 흡사하다.

일설에 의하면 라미아는 후리기아(Phrygia)[64]의 여왕
으로, 제우스가 사랑할 정도로 아름다운 미녀였다. 그
녀는 아이를 잃고 나서 아이를 가진 모든 여성을 질투
하기 시작했고, 결국에는 어린아이를 닥치는 대로 잡아
먹게 되었다. 놀랍게도 라미아도 우부메처럼 자주 새의
모습으로 묘사되고 있다.

*

『곤자쿠모노가타리』 27권에는 미나모토 요리미쓰

---

62 얼굴과 상반신은 여자 모습이고 하반신은 새로 묘사되어 있다.

63 반인반사(半人半蛇)의 괴물. 바스크신화에는 반인반조(半人半鳥)로 묘
    사되고 있다.

64 현 터키 중서부 지역.

(源賴光, 948~1021)[65]가 아끼는 부하 우라베노 스에타케 (卜部季武, 950?~1022?)가 미노 지방(美濃国, 기후 현 남부)의 한 나루터에서 우부메를 만났다는 이야기가 나온다.

미노 지방 어느 강에 우부메가 나온다는 소문이 돌았는데, 그 우부메는 아이를 안고 있으며 강을 건너는 사람에게 "이 아이를 안아 주세요."라고 말을 건다는 것이었다. 모두가 무서워하며 그 강은 도저히 건널 수가 없다고 했는데 우라베노 스에타케가 "나는 개의치 않는다."고 말했다. 그러자 사람들은 "그러면 어디 한번 해보시지."라고 했고, 이에 스에타케는 말을 타고 강가로 나갔다. 사람들도 살짝 그의 뒤를 따랐다.

9월의 어두운 밤이었다. 스에타케는 말에서 내려 강을 첨벙첨벙 걸어 건너편 강가에 도착한 뒤, 사람들과 약속한 대로 화살을 강가에 세우고 다시 강을 건너 돌아가려고 했다. 그런데 바로 그때 소문대로 여자 목소리가 들렸다.

---

65 헤이안(平安) 시대 무장(武將).

『곤자쿠모노가타리』에 나온 문장을 그대로 인용하
면, "강을 절반 정도 건넜을 때 여자 목소리가 스에타
케에게 들렸는데, '이거 안아주세요, 안아주세요.'라고
하자마자 응애응애 하고 아이 우는 소리가 났다. 그러

는 사이 비린내가 강에서 이쪽까지 풍겨왔다."

강가에 숨어 상황을 살피고 있던 사람들은 소름이 돋았다.

호탕한 스에타케가 "알았어, 안아줄게."라고 하자 여자는 기뻐하며 아이를 건넨다. 그런데 아이를 받아들고 스에타케가 돌아가려 하자 여자가 이번에는 "돌려주세요." 하며 쫓아온다. 그러나 스에타케는 여자 말을 듣지 않고 첨벙첨벙 강을 건너가 곧바로 강기슭으로 올라가 버렸다.

그리고 숙소로 돌아가 소매를 펴보니 아이는 보이지 않고 그저 나뭇잎이 있을 뿐이었다.

『곤자쿠모노가타리』의 작가는 이 우부메를 여우가 사람으로 둔갑한 것이라고 설명하고 있다.

*

『햐쿠모노가타리 평판(百物語評判)』은 '아이를 낳다 죽은 여자가 집념의 화신이 되어, 허리 밑은 피로 흠뻑 젖어 있고, 응애응애 운다.'고 소개하고 있다.

19

리모컨 바리때 이야기

　『신귀산연기(信貴山縁起)』에마키(絵巻)[66]를 본 사람은 「야마사키 장자 편(山崎長者之巻)」 혹은 「도비쿠라 편(飛倉之巻)」이라고 불리는 기적담(奇蹟譚)을 잘 알 것이다. 신귀산(信貴山)에 은거한 수행승이 바리때를 날

---

66 이야기, 전설 등을 그림으로 그린 두루마리.

리는 법술로 야마사키 장자 일가를 깜짝 놀라게 한 이야기다.

바리때는 수도승의 식기로, 탁발할 때 지니고 있는 주발이다. 법술을 터득한 승려는 이 바리때를 공중에 날려 자유자재로 조종할 수 있었다고 한다. 이른바 리모트 컨트롤(원격 조작)의 원조다.

『신귀산연기』의 '야마사키 장자 편'과 똑같은 이야기가 『고본설화집(古本説話集)』과 『우지슈이모노가타리(宇治拾遺物語)』에도 실려 있다.

시나노 지방(信濃国, 나가노 현)의 묘렌(命蓮)[67]이라는 승려가 신귀산 속에 작은 법당을 지어 살면서 바리때를 날려 장자(長者)[68]한테 시주를 받고 있었다. 어느 날 자신의 저택 창고 안에 바리때가 들어와 있는 것을 발견하자 장자는 "욕심 많은 바리때다. 괘씸한 것." 하고 중얼거리며 그냥 구석에다 놔두고 문을 잠갔다.

그러자 창고가 흔들흔들하더니 지면에서 떠올라 그

---

67 헤이안 시대 신귀산 진언종 초고손시지(朝護孫子寺) 주지.
68 마을 유지. 부자를 뜻함.

대로 바리때와 함께 신귀산까지 날아가 버렸다. 그리고 창고는 묘렌 앞에 쿵 하고 내려앉았다.

장자의 집 안에 있던 사람들은 모두 그 뒤를 따라갔다. 그리고 묘렌 앞에 와서는 "이런, 어이없는 일이 일어났네요. 바빠서 시주하는 것을 잊어버리고 창고 문을 잠갔는데 창고 채로 날아가다니, 창고를 돌려주십시오."라고 하자 묘렌은,

"그것 참 이상한 일입니다만, 길을 잃고 여기까지 와버린 것이라서 창고는 돌려드릴 수가 없습니다. 안에 있는 물건이라면 돌려드릴 테니까 가져가십시오."

"가져가라 하셔도 이 쌀은 천석(千石)이나 됩니다. 어찌해야 할까요?"

장자가 곤란해 하자,

"좋습니다, 그럼 제가 날라다 드리지요."

이렇게 말하고, 바리때에 쌀을 담아 날렸다. 그러자 남아 있는 쌀이 기러기 떼처럼 줄지어 날아 장자의 집까지 돌아갔다고 한다.

*

　'하늘을 나는 바리때(飛鉢)'의 기적을 행한 것은 비
단 신귀산 묘렌 뿐만이 아니다. 『원향석서(元享釈書)』에서는 다이초(泰澄, 682~767)[69]가, 『고사담(古事談)』에서는 조조(淨藏, 891~964)[70]가, 『속본조왕생전(続本朝往生伝)』에서는 자쿠쇼(寂照, 962~1034)[71]가 제각기 바리때를 날렸고 그 외에도 유사한 이야기가 많다.

중국 원(元)나라 태조 쿠빌라이 궁정에 대해서 보고한 마르코 폴로(Marco Polo, 1254~1324)[72]의 『동방견문록(東方見聞綠)』에는 다음과 같은 흥미로운 내용이 기술되어 있다.

"왕이 궁전 테이블에 앉으면, 그 테이블은 높이가 4m나 되고 궁전 중앙에 놓인 술잔에서 9m나 떨어져 있는데도 요술사가 주문을 외우면 술이 넘실넘실 차 있는 술잔이 저절로 바닥에서 떠올라, 아무도 손을 대지 않았는데도 왕 앞에 도달한다. 그리고 왕이 다 마시면 술잔은 다시 원래 있던 곳으로 돌아간다."

틀림없이 이것도 '하늘을 나는 바리때'처럼 리모트

---

69 나라(奈良)시대 수도승.
70 헤이안 중기 천태종 승려.
71 헤이안 중기 천태종 승려, 문인.
72 이탈리아 상인, 여행가.

컨트롤의 예일 것이다. 미나카타 구마쿠즈(南方熊楠, 1867~1941)[73]는 거기에는 어떤 정밀한 장치가 설치되어 있었던 것은 아닐까 추측했다.

*

15세기 독일의 기계학자 레기오몬타누스(Regiomon-tanus, 1436~1476)[74]는 공중을 나는 철제 파리를 만들었는데, 그 파리는 웡웡 날아다니다가 그의 손으로 되돌아왔다고 한다. 그러나 쿠빌라이 시대는 13세기고, 일본 승려들의 시대는 그보다 훨씬 전이다. 게다가 '어떤 장치'라 하더라도 창고를 통째로 움직이는 것은 역시 불가능하지 않을까.

---

73 박물학자, 생물학자, 민속학자.
74 15세기 독일 천문학자.

20

여우를 부리는 요술

고타 로한(幸田露伴, 1867~1947)의 『마법수행자(魔法修行者)』라는 작품에는 일본 마법의 역사와 전국시대(戰国時代, 1467~1573) 유명한 무장으로 이즈나 법(飯綱法)이라는 여우 부리기 마법에 열중했던 호소카와 마사모토(細川政元, 1466~1507)에 대한 이야기가 소개되고 있는데, 이 방면에서는 소중한 문헌 중 하나로 인정받고 있다.

일본 마법에는 중국에서 전래된 밀교나 도교, 음양도, 거기에 신도, 수험도(修驗道)가 보태져 아주 복잡하게 얽혀 있기 때문에 그 계통을 판별하는 것은 그리 쉽지 않다. 예를 들면, 여우를 부리는 마법은 이나리 신앙(稲荷信仰)에서 시작됐는데, 이나리 신앙은 다키니텐(茶吉尼天)을 매개로 진언밀교(真言密教)와 조합되어 있었고, 또한 여우를 신비한 동물로 여기는 사상은 옛날부터 음양도에서 볼 수 있었다.

다키니텐은 밀교의 야차신(夜叉神)으로, 원래는 인도의 사이비 밀교(左道密教)에서 모셔지고 있었다. 마음대로 신통력을 부려 6개월 전에 미리 인간의 죽음을 알 수 있고, 그 심장을 먹는다고 전해진다. 그래서 다니키텐(여우를 부리는 마법의 별칭)을 수련하기 위해서는 사후 자신의 심장을 이 신에게 바치겠다는 약속을 해야 한다. 어떻게 이것이 이나리 신앙과 결부되어 있는가 하면, 이 신의 본체를 여우의 정령(精靈)으로 봤기 때문인 것 같다.

사후 심장을 마신(魔神)에게 바친다는 것은 중세 유럽의 악마 예배와 흡사하다. 괴테의 『파우스트(Faust)』

의 파우스트 박사는 메피스토펠레스(Mephistopheles)와 계약을 맺고 사후 자신의 영혼을 그에게 파는 대신, 모든 인생의 욕망을 충족시키려 했다.

그러나 여우를 부리는 마법은 유럽에서는 매우 생소하다. 대체로 서양에서 여우는 조금도 신비한 동물이 아니기 때문이다. 오히려 악마와 관계가 있는 동물은 염소와 같은 뿔이 달린 것들이다. 여우를 상서로운 동물로 취급하는 사상은 중국에서 전해진 것이다. 오에노 마사후사(大江匡房, 1041~1111)[75]의 『호미기(狐媚記)』에 나오는 이야기 등은 일본의 여우 숭배 사상의 선구라 할 수 있을 것이다.

*

그런데 이 여우를 부리는 마법, 즉 다키니텐을 행했다는 이야기는 일본 역사에 많이 남아 있다. 『고금저문집(古今著聞集)』에는 다음과 같은 이야기가 소개되어 있다.

---

75 헤이안 시대 귀족, 학자.

관백(関白)[76] 후지와라노 다다자네(藤原忠実, 1078~1162)[77]가 소원이 생겨 다이겐보(大権坊)라는 승려에게 명하여 다키니텐을 행하도록 했다. 승려는 "7일이 지나도 효과가 없으면 저에게 유배형을 내려도 좋습니다."라고 큰소리쳤다. 그런데 7일이 다 되어도 아무런 변화가 없어 승려에게 물어봤더니, 그는 "도장(道場) 안을 들여다보십시오."라고 대답했다.

그래서 하인에게 도장을 들여다보게 했더니 여우 한 마리가 개의치 않고 제사 음식을 먹고 있었다. 또다시 7일이 지나 드디어 약속한 날이 되었다. 다다자네가 낮잠을 자고 있는데, 아름다운 아내가 나타나 스윽 머리맡을 지나갔다. 그녀는 머리채를 길게 늘어뜨리고 있었다.

몹시 아름다워 무심코 다다자네가 아내의 머리를 잡자 그녀는 뒤돌아보면서 "추잡한 짓 하지 마세요."라고 말했다. 그 목소리가 마치 선녀 목소리처럼 맑아 다다

---

76 헤이안 시대 이후 왕을 보좌하여 정무를 맡았던 최고 중직.
77 헤이안후·말기 공가.

자네가 손에 힘을 더 주자 그녀의 머리카락이 툭 끊어지고 말았다. 그 순간 눈을 떴다. 꿈이었다.

그런데 다다자네의 손에 남아 있던 것은 여자 머리카락이 아니라 여우 꼬리였다. 그 후 조정의 칙서가 내려져 다다자네는 순조롭게 소원을 이루었다고 한다.

21

공중부양

가마쿠라 시대의 저명한 승려 묘에 대사(明惠上人)[78]
는 고흐(Vincent van Gogh, 1853~1890)[79]처럼 자신의 귀를
잘라 불전에 바치거나, 바다에 떠오른 아름다운 섬에

---

[78] 가마쿠라 전기 화엄종 승려.
[79] 네덜란드 출신 후기인상파 화가.

연서를 보내기도 했다. 묘에 대사에 관해서 많은 이야기가 전해지는데 그중『와스가곤겐켄키(春日権現験記)』에 나오는 에피소드는 마치 유럽 성자(聖者) 전설에 흔히 있는 공중부양의 기적을 연상시켜 흥미롭다. 다만 이 기적을 행한 것은 대사가 아니라 와스가 대명신(春日大明神)이 접신되었다는 불가사의한 여인이었다.

묘에 대사가 기슈(紀州, 와카야마 현) 시라가미(白上)에서 중국 송나라로 건너갈 계획을 하고 있을 즈음, 근처에 살고 있던 여자가 어느 날 이상한 행동을 시작했다. 윗미닫이 문틀 위에 새 거적을 걸어 놓고, 거기에 훌쩍 뛰어 올라가는가 싶더니 "나는 와스가 대명신이다. 중이 당나라에 가는 일이 매우 한탄스러워 이를 말리러 왔다."고 말을 꺼냈다. 대사는 깜짝 놀라 "네, 그렇다면 건너가는 일은 그만두지요."라고 하자, 여자는 윗미닫이 문틀 위에서 내려왔다.

이 여자는 임신 중이었고 게다가 단식을 하면서 매일같이 목욕재계하고 독경염불을 외우고 있었다는데, 마치 새처럼 천장 같은 높은 곳에 훌쩍 올라갔다가 내려왔다고 한다.

이러한 현상은 유럽의 기독교 성인 사이에서는 자주 나타나는 것 같다. 파졸리니(Pier Paolo Pasolini, 1922~1975)의 「테오레마(Teorema)」[80]라는 영화에서 한 여자가 영감을 받아 금식을 하고는 공중부양을 하는 장면을 기억하는 사람도 있을 것이다. 물론 영화니까 믿을 건 못 된다. 그러나 공중부양의 기적을 보여준 성인의 예는 역사적으로도 많이 있는 편이다.

비근한 예로 성인은 아니지만 19세기 영국의 저명한 영매자 다니엘 홈(Daniel Dunglas Home, 1833~1886)의 사례가 있다.

홈의 실험을 목격한 사람의 보고에 의하면, 그는 머리를 앞으로 하고 수평 자세로 가볍게 창밖으로 나갔다. 그리고 창밖 공중에서, 지상 85피트(약 25m) 높이에서 조용히 부양하고 있었다고 한다. 영국학사원의 윌리

---

80 1968년 이탈리아에서 제작된 영화. '정리, 정식'이라는 의미.

엄 크룩스(Sir William Crookes, 1832~1919)[81] 같은 학자가 이 현상을 몇 번이나 과학적으로 자세히 조사했지만, 속임수로 보이는 점은 발견하지 못했다. 게다가 유럽의 많은 저명인사가 이 홈의 기적을 목격했다고 한다.

공중부양과는 조금 다르지만, 중국이나 일본에서는 선인(仙人)이 공중을 날았다는 이야기가 많이 전해진다. 구메 선인(久米の仙人)이 공중을 날고 있을 때, 여자의 하얀 정강이를 보고 바로 거꾸로 추락했다는 에피소

---

81 영국의 화학자, 물리학자.

드도 있다. 그러나 선인의 공중비행은 아무리 생각해도 현실성 있는 이야기는 아니다.

그런데 처음에 등장한 중국으로 건너가려는 묘에 대사를 말린 여자의 공중부양 이야기는 꽤 현실성 있는 것처럼 느껴진다.

미나가타 구마구즈(南方熊楠, 1867~1941)의 의견에 따르면, 이 여자는 평상시 잘생긴 묘에 대사를 은근히 사모하고 있었고, 게다가 임신으로 인한 정서불안 때문에 결국 연정(戀情)이 격해져 있었다. 그런 상황에서 대사가 중국으로 건너갈 계획이라는 것을 알게 된 그녀는 어떻게 해서든 가지 못하게 하려는 감정이 극대화되어 정신 이상을 일으킨 것은 아닐까. 종교가나 신비주의자가 상식적으로 생각할 수 없는 기적을 행하는 것에는 이러한 케이스가 많다고 한다.

종교적인 신비 체험의 기저에 의외로 성적(性的) 요소가 많다는 것은 심리학자들도 설명하고 있는 바다. 어쩌면 묘에 대사도 예상치 못한 여자에게 걸려든 것일지도 모른다. 그것도 선천적 미모 때문이었다고 하니, 역시 여자는 무서운 존재다.

22

호랑지빠귀(虎鶫)의 별명 '누에(鵺)' 이야기

호랑지빠귀는 크기가 30cm 정도이며, 일본 전국에 분포되어 있는 야생 조류다. 몸 위쪽은 황갈색이고, 깃털 끝 부분에는 초승달 모양의 검은 반점이 있다. 전체적으로 호랑이 모피 반점처럼 보여 '호랑지빠귀'라는 이름이 붙었다. 번식기인 4월에서 5월에 걸쳐 시끄럽게

우는데, 효~ 하고 우는 것은 수컷, 히~ 하고 우는 것은 암컷이다. 암수 두 마리가 서로 부르듯이 효~히~ 하고 운다.

*

호랑지빠귀는 일본에서 '누에(ヌエ)'라는 별칭으로 불리는데, 사람들은 옛날부터 '누에'를 흉조라 하여 기피했다. 이미 『고사기』나 『만요슈(万葉集)』에도 그 이름이 실려 있으며, 우지사다이진(宇治左大臣) 후지와라노 요리나가(藤原頼長, 1120~1156)의 일기 『다이키(台記)』에도, '누에'가 빈번히 울어서 음양사 아베노 야스치카(安倍泰親, 1110~1183)[82]에게 점을 봤다는 기록이 있다.

제일 유명한 에피소드는 『헤이케모노가타리(平家物語)』에 나오는 미나모토노 요리마사(源頼政, 1104~1180)[83]의 '누에' 퇴치 이야기다. 매일 밤 2시경 궁궐 상공

---

82 헤이안 말기 귀족, 음양사.
83 헤이안 말기 무장, 공가, 가인.

에 검은 구름이 떠 있기만 하면 고노에(近衛, 재위 1141~1155) 왕이 공포에 떨면서 괴로워하여, 요리마사가 활을 쏴 떨어뜨렸다고 한다.

떨어진 것은 괴수(怪獸)였는데, 머리는 원숭이, 몸은 너구리, 꼬리는 뱀, 손발은 호랑이, 그리고 우는 소리는 '누에'와 닮아 있었다. 실로 복잡하게 생긴 괴수인데, 요컨대 여러 동물의 신체 부위가 합쳐진 것처럼 생긴 동물로 생각하면 될 것이다.

요리마사가 퇴치한 괴수는 보통 '누에'라 불리지만 엄밀히 말하면 '누에'가 아니라고 이의를 제기한 것은 에도 시대 유학자 아사카와 젠안(朝川善庵, 1781~1849)이다.

에도 시대 수필가 중에서 '누에' 같이 이름만 알려져 있고 그 실체는 밝혀지지 않은 동물이나 식물을 고증한 사람은 많지만, 젠안의 '누에' 강론은 여러 증거를 들어 설명하고 있어서 매우 흥미롭다.

『헤이케모노가타리』 본문에는 "울음소리가 누에와 흡사하다."고 쓰여 있을 뿐이어서, 이 괴수의 정체는 『젠안수필(善庵随筆)』 작가가 말한 대로 '누에'는 아닐 것이다.

젠안은 이 괴수의 정체가 날다람쥐일 수도 있다는 가설도 제시하고 있다. 『장문본 헤이케모노가타리(長門本平家物語)』나 『겐페이 성쇠기(源平盛衰記)』에는 이 괴수가 소매 안으로 날아 들어와서 잡아 보니, '모슈(毛朱)였다'는 기록이 있다. 그러나 '모슈'라는 어휘가 존재하지 않으니, 모미(毛未, 날다람쥐의 일종)의 오자일 것이라고 젠안은 지적하고 있다. 모미는 무사사비(날다람쥐)의 옛 이름이다.

*

이처럼 옛날부터 많은 학자들의 골머리를 썩인 것을 보면 이 '누에'라는 새는 꽤나 사람들을 놀라게 했던 존재였던 것 같다.

23

환술사(幻術師) 가신 거사(果心居士)

다니자키 준이치로(谷崎潤一郎, 1886~1965)[84]의 장편소설 『난국이야기(乱菊物語)』에는 무로마치 시대(1392~1573)의 한 곡예사가 많은 관객 앞에서 말의 항문으로 들어가 배를 통과하여 입으로 나오는 환술(幻術)

---

[84] 일본 대표적인 탐미주의 작가.

을 보여주는 내용이 나온다. 이것은 예부터 '마복술(馬腹術)'이라 불리는 환술의 가장 기본적 레퍼토리 중 하나였다. 기원은 중국 혹은 멀리 중앙아시아 부근이었다고 전해진다.

환술을 요즘 말로 표현하자면 요술 내지는 곡예라 할 수 있다. 시대에 따라 이름이 달라, 나라 시대(奈良, 710~784)에는 잡기(雜技), 산악(散楽)이었고 그 외에 눈속임(目眩まし), 외술(外術) 등이라고도 했다. 동·서 교류가 한창이었던 당시, 페르시아에서 당나라를 경유하여 일본에 전해졌을 것이다. 무로마치 시대의 환술사도 물론 그 흐름을 이어받았을 것이다.

그 환술사 중에는 오다 노부나가(織田信長, 1534~1582), 아케치 미쓰히데(明智光秀, 1528~1582), 마쓰나가 단조(松永弾正, 1510?~1577) 등 내로라하는 전국시대 무장을 농락한 자로 유명한 전설적인 인물 가신 거사(果心居士, 생몰 미상)[85]라는 괴인물이 있었다.

가신 거사는 일설에는 쓰쿠시(筑紫, 규슈 옛 지명) 지

---

85 무로마치 말기 환술사.

방에서 도회 생활을 동경하여 나라(奈良)에 정착한 중국 귀화인으로 전해지고 있다. 아쿠타가와 류노스케는 『담배와 악마(煙草と悪魔)』에서 이 가신 거사를 프란시스코 자비에르(Francisco de Xavier, 1506~1552)[86]와 함께 일본에 온 악마가 아닐까 추측하고 있는데, 물론 이것은 어디까지나 소설가의 추측일 뿐, 어떤 근거가 있는 것은 아니다.

가신 거사의 놀랄 만한 환술 무용담은 에도 시대에 나온 『기잔코카쿠(義残後覚)』, 『옥대목(玉蒂木)』, 『다이고 수필(醍醐随筆)』 등에 자세하게 소개되고 있다. 그가 효웅(梟雄)[87]으로 알려진 마쓰나가 단조를 환술로 희롱한 에피소드를 후루카와 미키(古河三樹, 1900~1995)의 『요술의 역사(見せ物の歴史)』를 인용·참고하여 소개하겠다.

---

86 일본을 방문한 최초의 예수회 선교사.
87 잔인하고 용맹한 장수.

*

그 무렵 야마토(大和, 나라 현) 오카도조(大門城)에
있던 마쓰나가 단조는 때때로 가신 거사를 불러 말동무

로 삼으며 지냈다. 그러던 어느 날 밤 장난삼아, "나는 이제껏 전쟁터에서 수도 없이 적과 마주쳤지만 한 번도 두렵다고 생각한 적이 없네. 자네가 한 번 환술로 나를 두렵게 해 줄 수 없겠나?" 하고 청했다. 거사는 "그럼, 도검(刀劍)과 주위 사람들을 물러가게 하고 불을 꺼 주십시오."라고 말하고는 단조와 단둘이서 달빛이 비치는 자리에 앉았다.

조금 지나서 거사가 일어나 넓은 툇마루를 지나 정원으로 나갔다. 그러자 그때까지 밝게 비치던 달빛이 갑자기 어두워지고 음산한 바람이 불더니 비마저 내리기 시작했다. 왠지 불안해진 단조가 문득 툇마루 쪽을 보자 그곳에 희미하게 사람 그림자가 서 있었다. 아주 마르고 머리를 길게 늘어뜨린 여자 모습이었다. 그것은 허우적거리며 단조 앞에 다가와 앉았다. 그 모습에 깜짝 놀라 "누구냐!" 하고 말을 걸었다. 그러자 여자는 한숨을 쉬고 괴로운 듯한 목소리로 "오늘은 꽤 적적하시죠. 주위에 사람도 없고."라고 말했다. 그런데 그 목소리는 5년 전에 병으로 죽은 아내의 목소리가 아닌가. 그 대단한 단조도 무서워 견딜 수 없어 "거사는 어디

계시는가. 이제 그만 하시게!" 하고 외쳤다. 그러자 그 여자는 순간 남자 목소리로 "여기 있습니다"라고 대답한다. 가신 거사였다. 밖에는 비도 내리지 않고 여전히 밝은 달밤이었다.

*

지금의 감각으로 해석하면, 이것은 일종의 최면술일 수밖에 없다. 마쓰나가 단조는 가신 거사의 최면에 걸려 존재하지 않는 환상을 본 것이다.

급기야 환술은 기독교 신부의 마법과 동일시되어 모모야마 시대(桃山時代, 1573~1603)에는 금지되었다고 한다. 어쨌든 라스푸틴(Grigorii E.Rasputin, 1871~1916)[88]과 같은 강한 암시력의 소유자가 아니면 가신 거사를 절대 흉내 낼 수 없을 것 같다.

---

88 제정 러시아의 종교가.

24

덴구(天狗)와 요령성(妖靈星)

　　호조 다카토키(北条高時, 1303~1333)는 동란의 조짐
은 개의치 않고, 교토(京都)에서 가마쿠라(鎌倉, 가나가
와 현)로 덴가쿠(田楽)[89] 종가(宗家)를 불러, 매일같이 덴
가쿠 가무에 빠져 있었는데, 이는 호조씨 멸망의 원인

89　모내기할 때의 가무가 예능화된 것. 가마쿠라·무로마치 시대에 유행.

중 하나로 일컬어지고 있을 정도다. 어느 날 밤, 다카토키는 술에 취해 혼자서 춤을 추고 있었다. 그러자 어디선가 풍각쟁이 10여 명이 홀연히 등장하여 다카토키와 함께 춤을 추는 것이었다. 그뿐만 아니라 그들은 이상한 노래도 불렀다.

"덴노지(天王寺)여, 요령성(妖靈星)을 보거라."

그 풍각쟁이들은 이런 불길한 느낌이 드는 노래를 부르며 왁자지껄 떠들었다. 시녀가 노랫소리를 듣고 문틈으로 안을 들여다보자 그 풍각쟁이들은 사람이 아니라 솔개같이 굽은 부리와 날개가 달린 가라스덴구(烏天狗)[90]였다. 그러나 만취한 다카토키는 전혀 알아차리지 못하고 그들에게 놀림당하면서도 아주 즐거운 듯이 춤을 추고 있었다.

깜짝 놀란 시녀가 스님에게 알리자 스님은 칼을 들고 달려왔다. 그 발소리를 듣고 덴구들은 홀연히 사라졌다. 등불을 붙여 방안을 둘러보니, 다타미 위에는 날짐승의 발자국이 여기저기 남아 있고, 다카토키는 고주

---

90 까마귀 부리와 날개를 가진 상상의 괴물.

망태가 되어 자고 있었다.

덴구들이 부른 요령성(妖靈星)은 불길한 별로, 천하가 어지러울 때 뜨는 별이라 한다. 이른바 호조씨 멸망을 예고하는 불길한 별인 것이다. 덴구들은 호조씨의 쇠퇴할 운명을 사전에 알고 있었기 때문에 다카토키를 놀렸을지도 모른다.

그리고 여기서 우리는 덴구와 별이 밀접한 관계가 있다는 사실을 알아야 한다.

*

덴구에 관해서는 『덴구고(天狗考)』, 『덴구 연구(天狗の研究)』를 저술한 지기리 고사이(知切光歲, 1902~1982)[91]가 대표적인 인물이다.

덴구가 처음 역사서에 등장한 것은 『일본서기(日本書紀)』의 조메이(舒明, 제위 629~641)왕 9년이다. 도읍지 상공에 큰 혜성(彗星)이 떠 천둥소리를 내면서 동쪽에

---

91 방송 작가, 소설가.

서 서쪽으로 움직였다. 당연히 이는 불길한 징후로 사
람들을 불안하게 했다. 이때 중국에서 막 돌아온 유학

승 소민(僧民, 미상~653)[92]이 "유성이 아닙니다. 이것은 덴구입니다. 짖는 소리가 천둥처럼 들리는 것뿐입니다."라고 설명했다. 덴구는 '아마쓰키쓰네(アマツキツネ, 하늘의 여우)'라고 읽는다.

고대 중국에서 덴구는 지상에 재화(災禍)를 가져다주는 유성 혹은 혜성이었다고 전해진다. 아마도 혜성 꼬리를 보고 여우라고 생각한 것 같다.

이는 유럽 기독교 악마의 수장 사탄이 성서에서 '하늘에서 떨어진 여명의 자식, 빛나는 명성(明星)'이라고 말한 것과 흡사하다.

어쨌든 중국에서 온 덴구라는 요괴는 처음에는 그저 하나의 별에 지나지 않았는데, 변화를 거듭하면서 점차 일본의 독자적인 덴구로 성장한 것이다.

---

92 아스카(飛鳥, 6세기말~7세기 전반) 시대 학승(學僧).

25

악마와 수도사

독일의 종교개혁자 마틴 루터(Martin Luther, 1483~1546)가 바르트부르크(Wartburg) 성에서 성서 번역에 열중하고 있었는데 악마가 나타나 귀찮게 방해했고, 화가 난 루터가 책상 위의 잉크병을 악마에게 던졌다는 이야기는 매우 유명하다. 지금도 그 방 벽에는 잉크 자국이 생생하게 남아 있다고 한다.

면죄부를 태운 종교개혁자 루터도 악마의 존재만큼은 확고하게 믿고 있던 것 같다. 그의 막대한 저서 중에는 자신이 악마와 만났던 이야기가 자주 등장하는데, 그의 방에는 악마가 자주 어슬렁거리고 있었던 것으로 보인다. 단지 그 악마가 어떤 모습을 하고 있었는지를 구체적으로 묘사하지 않은 것이 유감이다.

아주 구체적인 악마 목격담으로 사상사나 미술사 자료에 자주 인용되는 것은 10세기에서 11세기에 걸쳐 프랑스 부르고뉴(Bourgogne) 지방 수도원을 전전하던 라울 글라베르(Raoul Glaber, 985~1047)라는 수도승이 쓴 문장이다. 이 사람은 툭하면 싸움을 걸어 자주 수도원에서 쫓겨났다. 그러나 지식이 풍부하고 라틴어가 유창했기 때문에 그 당시 상황을 알 수 있는 귀중한 연대기[93]를 남겼다.

*

---

[93] 연대순으로 유명한 사실(史實)을 기록한 것.

그 무렵, 부르고뉴 지방 생 레제의 수도원에 있던 글라베르가 아침부터 할 일이 있어 일찍 일어나야 했으나 일어나지 않고 꾸무럭거리고 있었는데, 침대 다리 부근에 징그러운 작은 괴물이 서 있었다. 다음은 글라베르의 묘사다.

"내가 확인한 바로는 그것은 호리호리하고 긴 목과 마른 얼굴, 새까만 눈, 주름이 깊고 좁은 이마, 납작한 코, 툭 튀어나온 입, 뾰족한 턱, 산양 같은 수염, 뻣뻣한 털이 무성한 귀, 곤두선 머리털, 개 이빨처럼 생긴 치아, 부풀어 오른 가슴, 등에는 혹이 있고, 꼬리는 부들부들 떨고 있었으며, 더러운 옷을 입고 있었다."

문장을 보면 저자의 탁월한 관찰력이 느껴진다. 공포를 느끼고 있는 와중에도 이렇게 자세하게 관찰한 것을 보면 정말 대단한 인물이다.

괴물은 몸을 앞으로 구부린 채 글라베르의 침대 모서리를 잡고 힘껏 침대를 흔들었다. 그리고 이렇게 말했다.

"너는 대체 언제까지 태평하게 누워 있을 거야?"

깜짝 놀란 글라베르는 곧바로 잠자리에서 벌떡 일어났다. 그리고 예배당으로 달려가 벌벌 떨면서 제단 앞에 무릎 꿇고 열심히 기도를 올렸다. 일의 시작을 알리는 종이 울렸는데도 게으름 피우고 잠자리에서 꾸무럭거리는 것을 보고 참다못해 악마가 한마디 한 것이다.

*

이 글라베르라는 수도승은 악마에 대한 강박관념에 시달리며 떠돌아다녔는데, 머물렀던 세 곳의 수도원에서 세 번이나 악마를 만났다. 그러나 글라베르뿐만 아니라 그 시절 수도승들은 대부분 악마의 환영에 시달리고 있었다.

그도 그럴 것이 그 시대는 서기 1000년대였기 때문이다. 요한계시록에 적혀 있듯이 서기 1000년은 사탄(마왕)이 쇠사슬에 묶여 있다가 해방되는 최후의 심판이 내려지는 해였고, 이른바 인류의 종말이 다가오고 있다는 것을 점점 부담으로 느끼던 해였다.

이와 비슷한 상황으로는 일본 중세의 말법사상(末法思想)이 연상된다. 헤이안 시대 귀족들은 불명회(佛名會)[94]의 지옥 병풍을 바라보며 지옥의 공포를 느꼈다. 세이쇼나곤(淸少納言, 생몰 미상)[95]은 차마 무서워서 못 보겠다며 작은 방에 숨어서 자 버렸다고 한다.

---

94 음력 1월 19일부터 3일간 부처 이름을 외우며 참회하는 법회.
95 헤이안 시대 여류 수필가.

26

두 번의 쇼크

　이즈미 교카(泉鏡花)의 희곡『천수이야기(天守物語)』
는 간포(寬保, 1741~1744) 연간의『로오차바나시(老翁茶
話)』에 나오는 오슈(奧州, 도호쿠 지방) 요괴 이야기가
원형으로, 여기에 작가가 자유롭게 살을 붙여 만들어낸
요염한 분위기의 작품이다. 성(城)의 '주인'이 된 미녀
유령과 함께 붉은 쟁반 요괴나 혀가 긴 노파 요괴가 등

장하는데, 이들 요괴에도 원형이 있다. 여기서 붉은 쟁반 요괴 이야기를 소개하겠다.

도호쿠 지방 아이즈(会津, 후쿠시마 현)의 스와궁(諏訪宮)에 붉은 쟁반이라는 요괴가 있었다.

어느 날 저녁, 25~26세 정도의 무사가 이 궁 앞을 지나고 있었는데 섬뜩한 느낌이 들었다. 돌아보니 동년배로 보이는 젊은 무사가 따라오고 있어 무사는 길동무가 생겼다고 좋아했다. 무사가 이야기를 나누며 길을 가던 중에 평소 자주 들었던 소문이 생각나,

"여기서 붉은 쟁반이라는 유명한 요괴가 나온다고 하는데, 당신도 알고 있습니까?"라고 물어봤다. 그러자 뒤에서 젊은 무사가,

"그 요괴라는 게 이렇습니까?"라고 말하며 눈은 접시 같고, 이마 중앙에는 뿔이 나오고, 얼굴색은 붉고, 털은 바늘 같고, 입은 귀까지 찢어진 모습으로 바뀌었다. 이를 가는 소리가 마치 우레 같았다.

갑자기 무서운 요괴로 변한 모습을 보고 무사는 정신을 잃었는데, 반 시간 지나 정신을 차려보니 여전히 스와궁 앞이었다. 겨우겨우 걸어서 길가에 있는 한 집

에 들어가 물 한 잔만 달라고 부탁하자 안에서 나온 부인이,

"어째서 물을 찾으시나요?" 하고 물었다. 무사가 붉은 쟁반 요괴를 만난 경위를 설명하자 그것을 들은 부인은,

"정말 무서운 일을 당하셨네요. 그런데 그 붉은 쟁반 요괴가 혹시 이런 모습이었나요?"라고 말했다.

무사가 부인을 바라보자, 부인의 얼굴은 붉은 쟁반이 되어 있었다.

두 번째 충격으로 무사는 또 정신을 잃었고 한참 후에 제정신이 돌아왔다. 그 일이 있고 난 후 무사는 끝내 100일째 되던 날 죽었다고 한다. 이것이 바로 『로오차 바나시』의 에피소드다.

*

이것을 읽다 보면, 고이즈미 야쿠모의 『괴담(怪談)』에 나오는 '무지나(狢, 너구리)'가 떠오른다.

어떤 사람이 기이노쿠니(紀伊国, 와카야마 현 북부)

고개 밤길을 걷다가 우연히 밋밋한 얼굴의 여자를 만났
다. 그는 너무 놀라 급하게 뛰어든 메밀국수 가게에서,
그 무서운 이야기를 주인 영감에게 했고, 주인 영감은

"그것은 이런 얼굴이었습니까?" 하고는 슬쩍 자신의 얼굴을 문질렀다. 그러자 영감의 얼굴이 눈, 코, 입 아무것도 없는 밋밋한 얼굴로 변했다.

*

유럽에서는 이러한 이야기를 찾아보기 힘들지만, 중국의 『수신기(搜神記)』에는 이런 종류의 괴이한 이야기의 원형이라 할 수 있는 것들이 꽤 있다.

위(魏)의 황초(黃初, 220~226) 연간, 하북성(河北城) 교외에서 한 남자가 말을 타고 밤길을 가고 있는데 길 중앙에 이상한 물체가 있었다. 크기는 토끼만 하고 두 눈은 거울처럼 빛났다. 그것은 말 앞에서 날기도 하고 뛰기도 했다. 남자는 너무 놀라 말에서 떨어져 기절하고 말았다.

한참 후 제정신이 돌아와 다시 말을 타고 가던 중에 한 남자를 만났다. 그는 반가워서 기꺼이 동행하기로 했다. 그리고 다시 길을 가는 도중에 그 남자가 말을 꺼냈다.

"도대체 당신을 두렵게 한 것은 어떤 모습이었 나요?"

"몸은 토끼 같고, 눈은 거울처럼 빛났으며, 매우 무 서운 형상이었지요."

"제 쪽을 좀 보세요."

남자가 뒤돌아보자 아까 본 요괴가 있는 것이 아닌 가! 그는 다시금 놀라 정신을 잃었다.

그런데 이처럼 토끼 같은 요괴 정도는 그다지 무섭 지 않을 것 같다. 그러나 붉은 쟁반 요괴처럼 실체가 확 실하지 않다는 점이 이런 요괴 이야기의 묘미라면 묘미 일 것이다.

27

미신가(迷信家)와 사시(邪視, evil eyes)

19세기 프랑스 소설가 데오필 고티에(Theophile Gautier, 1811~1872)는, 그의 딸 여류작가 유디트 고티에 (Judith Gautier, 1845~1917)의 증언에 의하면, 대단한 미신가로, 테이블 위의 소금 그릇이 엎질러진 것만으로도 불길한 전조라면서 초조해 할 정도였다고 한다. 특히 그가 두려워한 것은 이른바 사시였다.

사시라는 것은 특이하고 무서운 눈동자(사팔뜨기)를 말하며, 그 눈과 마주치면 재앙을 겪게 되고 병에 걸린다고 전해진다. 거의 모든 나라에서 사시에 관한 소문을 믿고 있으며 영어로는 'evil eyes', 불어로는 '모베즈이유(mauvais-oei)', 이탈리아어로는 '마로키오(mal'occhio)'라 한다. 일본에도 이와 같은 신앙이 존재했던 것 같은데 정식 명칭은 전해지고 있지 않다. 사시라는 것은 원래 불교 용어다. 그렇다면 인도에도 사시 신앙이 있었음이 틀림없다.

고티에는 사시를 매우 두려워하여 자택 현관에는 마귀를 쫓기 위해 투우로 죽은 스페인 소뿔을 매달아 놓았다고 한다. 이것은 일종의 부적 같은 것이다.

*

또한 그는 「천국과 지옥」의 작곡가로 유명한 음악가 오펜바흐(Jacques Offenbach, 1819~1880)를 사시의 소유자라고 믿어, 아예 그와 마주치지 않으려고 했을 뿐만 아니라, 담당했던 신문 비평에 그의 이름을 올리는 것조

차 꺼렸다고 한다.

고티에는 「저주의 눈」[96]이라는 일종의 괴기 소설도 썼다. 사시 소유자인 청년이 애인을 바라보다가 끝내 그녀가 죽임을 당한다는 그야말로 비현실적인 내용의 소설이다.

『천일야화』의 번역가로 알려진 버튼(Sir Richard Francis Burton, 1821~1890)[97]은 이 사시 신앙이 고대 이집트에서 시작되어 중동으로 퍼져나갔다고 주장했다. 아랍인들 사이에서는 외아들을 키울 때 사시를 피하기 위해 아이를 지하실에서 지내게 하고, 수염이 자랄 때까지 밖으로 내보내지 않은 부모도 있었다고 한다. 그도 그럴 것이 사시의 피해는 여자보다 남자가 많았고, 또 성인보다는 아이들이 많았기 때문이다. 그래서 남자아이에게 여자 옷을 입히고 눈에 띄지 않도록 일부러 더러운 옷을 입히기도 했다.

---

96 1856년 작품. 『고티에 판타지 소설집』에 수록됨.
97 영국의 탐험가, 인류학자, 작가, 언어학자, 번역가.

*

    사시를 막는 방법으로 옛날부터 전해지는 것 중에는 고티에가 했던 짐승 뿔이나 운석 등을 부적으로 이용하는 것 외에 이른바 '마노 피카(mano fica)'라는 것이 있었다. 이탈리아어로 '마노(mano)'는 손, '피카(fica)'는 무화과를 뜻한다. 이것은 인지(人指)와 중지(中指) 사이에 엄지손가락을 끼우는 행위로 일본에서는 섹스를 나타내는데, 이 '마노 피카'를 만들면 사시의 폐해를 면할 수 있다고 한다. 그것은 성기에 마력을 불어넣는 힘이 있다는 것이다. 이와 같은 성기숭배의 잔재가 세계 곳곳의 토속신앙 사이에서 인정받고 있는 것은 흥미로운 일이다.

    그렇다면, 왜 사시 같은 신앙이 널리 퍼졌을까? 그것은 사람을 쏘아보는 듯한 눈의 힘이 일반인에게는 아주 불안하고 기분 나쁜 느낌을 주기 때문이다. 사시는 아니지만 『곤자쿠모노가타리』에도 뱀이나 소 같은 동물이 노려본 뒤 몸이 굳어 움직일 수 없게 되었다는 여자 이야기가 등장한다. 그리스 신화 고르곤(Gorgōn)[98]과 바실리스크(Basilisk)[99] 등도 무서운 눈을 가진 괴물로 나온다.

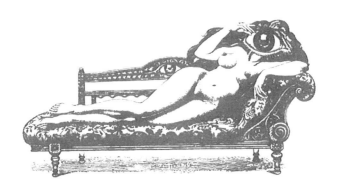

한편 우리는 육감적인 매력이 있는 사람을 글래머 (glamor)라고 부르는데, '글래머'는 원래 사시처럼 마법을 걸어 사람을 꼼짝 못 하게 한다는 의미라고 한다.

---

98 추녀 괴물. 그녀와 눈을 마주치면 돌로 변했다고 한다.
99 본래 의미는 작은 왕이라는 뜻으로, 그의 눈빛은 바위를 깨고, 초목을 태웠다고 한다.

28

여신이 있는 선계(仙界)

에도 후기 국학자 히라타 아쓰타네(平田篤胤, 1776~1843)[100]는 덴구나 요괴, 선인이나 가미가쿠시(神隱し), 나아가 사후 세계에 대해 남다른 호기심을 가지고 있었다. 말하자면 오컬티즘(occultism)[101]의 권위자였던

---

100 에도 후기 국학자, 신도가, 사상가, 의사.
101 신비주의.

셈이다.

그는 여섯 살 때 죽고 6년 만에 다시 태어난 가쓰고로(勝五郎)라는 사내아이를 집으로 불러 전생의 경위를 묻기도 하고, 덴구의 제자로 입문하여 가끔 유계(幽界)[102]를 출입하던 도라키치(寅吉)라는 소년의 체험담을 기록하기도 했다. 아쓰타네는 유계의 존재를 굳게 믿고 있었다.

여기에서 소개할 「기리시마 유향진어(霧島幽鄕眞語)」라는 실화에 바탕을 둔 기록은 아쓰타네가 쓴 것은 아니지만, 사쓰마 번(薩摩藩)[103]의 핫타 도모노리(八田知紀, 1799~1873)라는 자가 아쓰타네의 부탁을 받고 1831년에 기록한 것이다. 이 기록이 완성되자 아쓰타네는 무척 기뻐했다고 전해진다.

*

체험담의 주인공은 사쓰마 지방(가고시마 현) 히오키 군(日置郡) 이사쿠타 촌(伊作田村)의 젠고로(善五郎)라는

---

102 사후 세계. 황천.
103 가고시마(鹿兒島) 서부 통치 기구.

순박한 남자다. 젠고로는 15세 때부터 기리시마(霧島)의 묘반 산(明礬山)에서 일했는데, 어느 여름날 새벽 무렵 혼자서 자고 있을 때, 밖에서 부르는 소리가 났다.

밖으로 나가 보니, 50세 정도로 보이는 한 남자가 서서 "나는 산신의 심부름꾼이다. 너를 데리러 왔으니 나를 따르라."라고 말한다. 밖은 대낮처럼 훤했고 10리도 채 못 가서 큰 저택이 있었는데, 그 안에는 17~18세 정도의 여자가 6명 있었다. 모두가 머리를 길게 늘어뜨리고 예쁘게 꾸미고 있었다.

여신이 사는 궁전은 끝이 안 보일 정도로 매우 넓고 깨끗했다. 가구류는 보이지 않았으며 단지 작은 화로와 선반이 있을 뿐이다. 여신의 옷은 때에 따라 흰색, 붉은색, 검은색으로 다양하고 소매는 길었다. 용모는 아주 아름다워 이 세상 사람이 아닌 것 같았다.

그때부터 젠고로는 가끔 여신의 저택을 출입하게 되었는데, 갈 때마다 다과를 대접받았다. 약을 받아온 적도 있었다. 기록에는 확실하게 묘사되어 있지는 않지만 아마 여신이 젠고로를 사랑하여 방문할 때마다 동침한 것으로 추측된다.

여신의 저택은 정원이 넓고 복숭아와 밤, 감 등의 과일나무로 가득하며, 개, 말, 닭도 많이 기르고 있었다. 어떤 때는 손님이 온 것처럼, 모습은 보이지 않지만 기묘한 거문고 소리가 들려온 적도 있었다. 젠고로는 이 선계에 갈 때는 항상 꿈꾸는 듯이 몽롱한 기분으로 밤길을 헤맨 관계로 그곳의 정확한 위치는 끝내 알 수 없었다.

산의 여신은 젠고로가 다른 여자와 어울린 사실도 정확하게 알고 있어 웃으면서 큰소리로 놀리기도 했다. 딱히 질투하는 기색도 보이지 않았다.

그러한 기묘한 관계는 8년이나 지속되었고, 젠고로는 아무에게도 이 사실을 털어놓지 않았다. 이윽고 여신은 "혹시 여기에 오래 머물 생각이라면 부모와의 연을 끊고 오세요. 그럴 생각이 없으면 이제 오지 않아도 됩니다."라고 말했고, 젠고로는 평범한 시골 남자로 살았다. 그는 우라시마타로(浦島太郎)[104]와는 달리 무사히

---

104 아이들에게 괴롭힘을 당하던 거북이를 살려준 덕으로 용궁에 가서 호화로운 생활을 하다가 돌아와 보니, 이미 많은 세월이 흘러 친척이나 아는 사람은 모두 죽고, 모르는 사람뿐이었다는 전설의 주인공.

보통 생활로 돌아올 수 있었다.

이 규슈 기리시마 산중 선계 이야기는 중국 당나라 때의 『유선굴(遊仙窟)』에 나오는 세계와 닮은 장밋빛 꿈의 공간을 보여주고 있다. 그러나 젠고로라는 남자가 중국의 도원경에 관해 알고 있었을 리는 없다. 일본에도 옛날부터 깊은 산속에 다이라 집안(平家, 헤이케)의 은둔자나 숨어 사는 기독교인들의 군락지가 있어 그곳을 마치 신비로운 도원경(桃源境)인 것처럼 인식하고 있었다.

29

신화와 SF적 이미지

고대 신화와 전설 중에는 SF적이라 할 만한 기발한 이미지가 소개되고 있다. 그러한 이미지를 발견하는 것은 꽤 즐거운 일이다. 예를 들면 『고사기(古事記)』에 다음과 같은 에피소드가 나온다.

유랴쿠(雄略)[105] 왕이 야마토(大和)[106] 가쓰라기 산(葛城山)에 올랐을 때, 맞은 편 산 능선에 왕의 행렬과 똑같은 행렬과 왕의 모습을 한 인물이 있었다. 신하들의 의상부터 사람 수까지 죄다 똑같았다. 왕이 이상히 여겨, "이 나라에는 나 외에 왕은 없을 터인데 도대체 너는 누구냐?"라고 묻자 그 인물도 똑같이 되풀이한다. 왕이 격노하여 활을 겨누자 상대방도 똑같이 활을 겨눈다. 마치 거울을 보고 있는 듯했다. 그러나 이 거울의 균형은 그것으로 끝이었다. 왕이 통성명을 하자고 하자 상대방은 "나는 흉사도 한마디, 길조도 한마디, 가려 말하는 신, 가쓰라기의 일언주대신(一言主大神)이다."라고 했다.

왕은 황송하여 자신의 검과 활뿐만 아니라 신하들이 입고 있던 옷까지 벗겨 죄다 그 신에게 바쳤다. 신도 기꺼이 그 재물을 받았다. 일촉즉발의 위기를 면하고 극적인 평화가 이루어진 것이다.

---

105 5세기 후반의 왕.
106 나라 현 덴리 시(天理市).

*

마치 거울을 보는 것처럼 똑같은 두 사람이 대립하는 긴장 구도는 이론물리학의 반입자(反粒子)나 반물질(反物質)을 연상케 한다.

인간이 반물질 은하계에서 온 반인간(反人間)을 만나면, 양자는 바로 폭발적인 반응을 일으켜 순간적으로 소멸해 버린다. 양자의 모든 질량(質量)이 한순간에 에너지로 변하기 때문이다.

따라서 만약 왕과 반왕(反王)이 마주하여, 왕이 상대에게 활을 쏴 상대의 가슴에 꽂히면 당연히 왕의 가슴에도 화살이 꽂히는 셈이 된다.

이 양자의 대립을 신기루나 메아리 같은 자연 현상에 근거를 둔 전설일 것이라고 해석하는 것은 수박 겉핥기식의 해석이다. 오히려 이것은 고대의 새로운 권력과 기존 권력의 대립 양상이 SF적 이미지와 함께 생생하게 묘사된 것으로 해석해야 할 것이다.

*

　야나기타 구니오의 『일언주고(一言主考)』를 참고하면, 가쓰라기 지방을 지배했던 신은 이때부터 급속히 쇠퇴해 갔다. 엔노 교자(役行者)[107]의 지시에 따라 행동하는 일언주(一言主)는 왕을 위압하는 당당한 나라의 신(國神)이 아니라, 일종의 심령적 존재, 일종의 추한 요괴와 같은 존재일 뿐이다.

　어쨌든 왕과 반왕의 경상적(鏡像的)[108] 대립을 생각하면, 소설가 보르헤스(Jorge Luis Borges)가 소개한 중국 광둥(廣東) 지방의 전설을 연상하게 된다.

　거울 세계와 인간 세계는 일찍이 서로 떨어져 있지 않았고 자유롭게 출입할 수 있었던 두 개의 세계였는데, 거울 세계의 무리가 지상으로 공격해 왔다. 그리고 피비린내 나는 전투 끝에 황제(黃帝)[109]의 군대가 침략자

---

107 나라 시대 산악 수행자. 수험도(修驗道)의 원조.
108 거울에 비치는 상.
109 중국 고대 전설 상의 황제. 3황 5제 중 하나.

들을 격퇴했고, 그들을 거울 속에 가두어 인간의 일거수일투족을 하나도 남김없이 따라 하라는 의무를 그들에게 부과했다는 것이다.

이 우화는 유랴쿠 왕의 고사와 유사하지만 반대의 결말이 난 것이 흥미롭다.

30

'영광의 손' 이야기

오구리 무시타로(小栗虫太郎)[110]의 『흑사관 살인사건(黑死館殺人事件)』에는 전편에 걸쳐 오컬티즘과 악마학에 관한 풍부한 정보가 산재해 있어 탐정 소설치고는 이색적인 작품이다. 특히 이 작품에는 옛날부터 유럽의

---

110 소설가, 추리작가, 비경 모험 작가.

마술사에게 매우 중요한 존재였던 '영광의 손'이라는 소도구에 관한 내용도 등장한다.

원래 '영광의 손'은 간단히 말하면 마술사가 사용하는 마술 소도구다. 제작 방법은 교수형을 당한 죄인의 손을 잘라 수의로 싸서 피를 완전히 짜낸다. 그리고 흙으로 빚은 단지에 소금과 초석(硝石, 질산칼륨)과 후추를 섞은 액체를 준비한 다음 그 속에 손을 담근다. 2주가 지나면 손을 단지에서 꺼내 바싹 마를 때까지 햇빛에 말린다. 그래도 마르지 않으면 풀고사리와 웅갈(熊葛)[111]을 태워 화로에 말린다.

촛대를 대신해 말린 손 위에 촛불을 켠다. 단 초는 역시 교수형으로 죽은 자의 지방과 순수한 밀랍 그리고 스칸디나비아반도에서 생산한 참깨로 만들어야 한다. 이것이 바로 '영광의 손'이다.

*

---

111 간장 보강, 생리통에 효과가 있다는 약초.

'영광의 손'을 가지고 절도를 하면 완벽하게 성공한다고 한다. 그것은 '영광의 손'에서 발산되는 강한 마력으로 인해 도난당한 집안 사람들은 포박당한 것처럼 움직일 수 없게 되고 깊은 잠에 빠져버리기 때문이다.

예수회 악마학자 델리오(Del Rio, Martin Antoine, 1551~1608)의 보고에 의하면, 한 남자가 '영광의 손'을 가지고 어느 집을 털기 위해 들어갔다. 그 집 사람들은 죽은 듯이 잠에 취해 있었다. 그런데 단 한 사람, 이 집의 하녀가 깨어 있어 남자가 훔치는 모습을 보고 있었다. 도둑이 집안을 마구 뒤지는 사이, 소녀는 조용히 문입구에 있는 '영광의 손'으로 다가가 타고 있는 촛불에 물을 뿌렸다. 그래도 꺼지지 않자 이번에는 우유를 끼얹었고 촛불은 겨우 꺼졌다. 그 순간 마력이 풀려 자고 있던 가족들이 깨어나 도둑은 잡히고 말았다고 한다.

일본에서는 도둑질을 하기 전에 그 집 마당에 대변을 보면 도둑질에 성공한다는 속설이 있는데, 과연 이 단순한 방법이 '영광의 손' 정도의 위력을 갖고 있는지는 자신 있게 말할 수 없다.

*

유럽의 오래된 마술책 삽화를 보면 왠지 기분 나쁜
여러 가지 마술 소도구 사이에 이 '영광의 손'이 있는 것을 볼 수 있다. 꼭 도둑질을 하기 위해서뿐만 아니라 예로부터 마술사는 이것을 여러 목적으로 사용했던 것 같다. '영광의 손'을 제작하기 위해 묘지에서 사체를 몰래 꺼내다가 발각되어 고발당한 여자 마법사의 사례도 있다.

'영광의 손'은 영어로 'Hand of glory', 불어로는 'man de growar'라고 하는데, 이는 만드라고라 (Mandragora)라는 식물 이름이 와전된 것이라는 주장도 있다.

만드라고라도 교수형에 처해진 남자의 정액이 떨어진 땅에서 자라난 식물이라고 전해지고 있어 '영광의 손'과 관련이 있을 것 같다. 가짓과(科) 유독식물 만드라고라는 예로부터 '영광의 손'처럼 최면 효과가 있다고 알려져 있어, 마술이나 요술 세계에서 아주 중요한 역할을 하고 있다.

31

해골들의 춤

로마 바르베리니 광장 부근 해골 사원(骸骨寺院, Santa Maria della Concezione)에는 몇천 구나 되는 인간의 뼈로 조립한 인테리어 소품이 장식되어 있어 방문객들을 놀라게 한다. 천정이나 벽 장식 그리고 매달려 있는 샹들리에도 모두 인간의 뼈로 완성된 것이어서 놀랍다.

일본에는 해골을 장식하는 습속은 거의 없지만, 유

럽에서는 중세 승려가 죽음과 친숙해지기 위해 이것을 테이블 위에 장식하고는 아침저녁으로 들여다봤다. 이른바 메멘토 모리(memento mori, 죽음을 기억하라) 사상이다.

서양 미술에도 이 사상이 반영되어 해골을 그린 벽화나 판화가 많다.

해골이 손을 이끌고는 "자, 이리로, 한 곡 추시죠." 하고 권하면 성직자, 황제, 귀족, 학자, 병사, 귀부인, 농부까지 모두 춤추는 대열에 끼어 죽음의 춤을 추지 않을 수 없다. 죽음은 평등하여, 신분과는 아무런 상관이 없기 때문이다. 모든 계층의 신분, 갖가지 직업을 가진 사람들이 해골과 함께 광란의 춤을 춘다. 그것이 '죽음의 춤(La Danse Macabre, Dance of death)'이다.

프랑스 미술사가 에밀 말(Emile Mâle, 1862~1954) 등에 의하면, 이 죽음의 춤의 관념을 서양에 전파한 것은 당시 라마교의 일대 중심지였던 원나라 연경(燕京, 지금의 베이징)에서 돌아온 프란체스코파(派) 전도사였다고 한다. 해골 춤의 묘사는 동양에서 시작된 것이었다. 근년에 들어서 재평가를 받은 인도와 네팔의 탄트라

(tantra)[112] 미술에도 해골 춤이 보인다.

한편 죽음의 춤의 일본판이라 하면, 에도 초기의 가나조시(仮名草子)[113] 『니닌비쿠니(二人比丘尼)』를 들 수 있다. 작자는 원래 도쿠가와 집안(德川家)을 섬겼던 무사로, 후에 출가한 스즈키 쇼조(鈴木正三, 1579~1655)[114]다. 이것은 불교의 섭리를 설명하기 위해 쓴 것인데, 나의 흥미를 자극한 것은 작가가 생생하게 묘사한 해골의 모습이다.

17세에 미망인이 된 무사의 아내가 남편이 전사한 곳을 방문하여 명복을 빌려고 했다. 그런데 집을 나와 여기저기 걷는 와중에 해가 저물어 버렸다. 그래서 어쩔 수 없이, 우연히 발견한 초당(草堂)에서 하룻밤을 지내기로 했다.

주위를 살펴보니, 그곳은 적막한 묘지로 이끼가 긴 비석이 가득 서 있었는데 근래 세워진 것 같았다. 새 무

---

112 인도 밀교를 총칭하여 탄트라 불교라 부른다.
113 에도 초기 단편소설.
114 에도 초기 조동종(曹洞宗) 승려. 가나조시(仮名草子) 저자.

덤도 많이 보인다. 여자는 초당에서 밤새도록 불경을 외우며 죽은 남편의 명복을 빌다가 새벽녘이 되자 깜박 잠이 들고 말았다. 잠든 사이에 꿈속에 수많은 해골이 나타났다.

해골들은 일제히 손뼉을 치고, 까닥까닥 뼈 소리를 내면서 합창하기 시작했다. "원래 우리 몸뚱아리는 지수화풍(地水火風)에서 빌린 것, 바로 되돌려 드리지요……."

*

즉 해골이라는 것은 임시로 빌린 것에 지나지 않는, 인간 일체의 육체와 욕망을 버리고 공(空)으로 돌아가 버린 존재이므로 이제는 살아 있는 인간들처럼 번뇌에 사로잡힐 일은 없다, 이렇게 좋을 수가 없다고 기뻐하면서 춤추고 있었던 것이다. 인생이 허무하다는 것과 세상이 꿈이라는 것을 몸소 가르친 것이다.

　이 『니닌비쿠니』에 나오는 해골들의 춤은 죽음의 춤
와 아주 흡사하다. 단지 유럽의 해골이 강제로 인간의
손을 잡아끌어 죽음의 무도회로 끌어들이려 하는 것에
반해 일본의 해골은 그저 교훈을 주는 것만으로 만족하
는 착한 해골이다.

32

덴구에게 잡혀간 소년

1935년 전후로 도쿄(東京)에서도 가미가쿠시(神隠し)라는 말이 종종 들렸다. 이는 어린아이가 갑자기 사라지는 현상을 말하는데, 대부분은 덴구가 잡아갔다고 생각했다.

덴구에게 잡혀간 이야기는 옛날부터 심심치 않게 있

었는데, 요쿄쿠(謠曲)[115]의 『화월(花月)』처럼 예술적이고 세련된 작품이 있는가 하면, 시시하고 웃기는 것도 있다. 에도 시대 수필에도 덴구에게 잡혀간 이야기가 꽤 나오는데 그중에서도 『여러 지방 사람 이야기(諸国里人談)』의 에피소드가 매우 흥미롭다. 단순한 이야기지만 그것이 오히려 더 재미있게 느껴진다.

쇼토쿠(正徳, 1711~1716) 연간의 이야기다. 에도의 간다 나베마치(神田鍋町)[116] 잡화상에서 일하는 14~15세 소년이 정월 15일 저녁 무렵 수건을 가지고 공중목욕탕에 간다고 나갔는데, 잠시 후 누군가 뒷문에 서 있었다. "누구야?" 했더니 방금 공중탕에 간 그 소년이었다. 여행 복장을 하고 꾸러미를 지팡이에다 걸고 있었다. 가게 주인은 눈치가 빠른 자여서 애써 놀란 기색을 보이지 않고, "신발 벗고 발이라도 좀 닦아."라고 했다. 그러자 소년은 황송해하며 발을 씻고 부엌 선반에서 쟁반

---

115 중세 대표적 극문학 장르 노(能)의 대본.
116 에도 시대 주물의 대가 시이나 야마시로(椎名山城) 작업장이 있었던 곳.

을 가져다, 꾸러미에서 꺼낸 도코로마를 담아 "그 지방 특산물입니다."라고 하면서 주인에게 내밀었다. 도코로마는 산이나 들에서 자생하는 참마를 말한다.

"오늘 아침에 어디서 왔지?"라고 주인이 묻자, "지치부(秩父, 사이타마 현 북서부) 산속에서 오늘 아침 나왔습니다. 오랫동안 가게를 비워 일손이 부족했지요?"라고 대답했다.

주인은 하도 이상해서, "그럼 너는 도대체 언제 이 가게를 나간 거냐?"라고 묻자, "작년 12월 13일 대청소 날 밤입니다. 그리고 어제까지 그 산에 있었습니다. 매일같이 손님이 있어 시중을 들고 있었습니다. 그리고 어제 그곳 주인이, '내일은 에도로 돌려보내 줄 테니, 선물로 도코로마를 캐서 가지고 가거라.'라고 해서 이것을 캐온 겁니다."라고 대답했다.

물론 이 잡화상에는 소년이 대청소 날 저녁부터 집을 나간 것을 안 사람이 한 명도 없었다. 아니, 소년은 조금 전까지 집에 있었고 수건을 가지고 목욕하러 외출하지 않았는가! 그렇다면 공중탕에 간 자는 소년이 아니라, 소년을 대신한 누군가란 말인가.

『여러 지방 사람 이야기』 작가는 이러한 의문을 제기하며 이야기를 끝내고 있는데, 공중탕에 간 소년도, 덴구에게 잡혀 산으로 간 소년도 결코 다른 사람이 아니라 동일인물이었을 것이다. 동일인물이 일정한 시간 동안 두 개의 인격체로 나뉘어 각각 다른 장소에서 다른 경험을 한 것으로 추론하는 편이 흥미를 더한다.

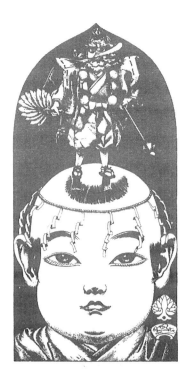

또, 12월 13일부터 정월 15일까지의 시간을 괄호에 넣어두고(이 시간은 오로지 소년의 환상), 소년이 공중탕에 갔다 온 그 짧은 시간 동안, 덴구 산에서 일한 것으로 해석하는 것이 더 재미있을지도 모른다.

*

어쨌든 시간은 늘리거나 줄일 수도 있고 통조림

처럼 압축할 수도 있으며, 복잡하게 접을 수도 있는 것 같다. 이 소년은 어쩌면 용궁에 간 우라시마타로와는 반대의 경험을 한 셈이다. 우라시마타로는 용궁에서 돌아왔을 때 몇백 년이나 세월이 흐른 뒤였지만, 이 소년의 경우는 극히 짧은 순간밖에 지나지 않았다.

이즈미 교카의 『초미궁(草迷宮)』에 나오는 아키야 아쿠자에몬(秋谷惡左衛門)이라는 마술사는 스스로 '인간이 눈 깜짝할 사이를 세계로 만든다.'고 공약한다. 즉 순간 속에서 살고 있다는 의미다. 덴구나 가미가쿠시의 세계도 순간 속에 접히고 압축된 광대한 세계일지도 모른다.

33

돌 속의 생물체

'나가사키의 물고기 돌(長崎の魚石)'이야기는 야나기타 구니오의『일본 옛날이야기(日本の昔話)』에도 등장할 정도로 유명한데, 여기서는 네기시 야스모리(根岸鎮衛, 1737~1815)[117]의『미미부쿠로(耳袋)』부터 소개하겠다.

---

[117] 에도 중·후기 막부 재정과 막부 직할령을 담당했던 관리.

나가사키 어느 상인의 집 돌담 안에 계속 물이 솟아나오는 돌이 있는 것을 보고 그 돌을 사고 싶어하는 중국인이 있었다. 그러나 주인은 그 돌에 분명 사연이 있을 거라고 생각하여 팔지 않았고, 직접 조사해 볼 생각으로 돌담에서 그 돌을 꺼냈다. 여전히 돌은 습기에 젖어 있었다. 주인은 '이는 필시 돌 속에 옥(玉)이 들어 있을 거야.'라고 생각하고 조금씩 조심스럽게 갈아내고 있었는데 그만 실수로 돌이 쪼개지고 말았다. 순간 그 안에서 한꺼번에 물이 넘쳐흐르면서 물과 함께 작은 물고기가 튀어나왔고, 물고기는 그 자리에서 죽고 말았다.

나중에 이 이야기를 들려주자 그 중국인은 눈물을 흘리며 아쉬워했다. 주인이 그 이유를 묻자,

"이 돌 속에는 생물체가 숨어 있었던 겁니다. 쪼개지지 않도록 잘 연마하여 닦아놓으면 천만금의 보물이 되었을 텐데, 정말 큰 실수를 했군요."라고 대답했다.

야나기타 구니오는 이 돌을 시간을 두고 천천히 겉을 연마하면서 안의 물이 있는 부분 근처까지 갈아내면 안이 들여다보이는데, 금붕어 두 마리가 노는 모습은

그 어느 것과 비교할 수 없을 정도로 아름답다고 기술하고 있다.

아마도 이러한 돌 속에 동물이 숨어 있다는 전설의 발상지는 중국일 것이다. 중국인만큼 예로부터 돌을 사랑해 온 민족은 없다. 물고기 돌 이야기가 나가사키에 전해지고 있는 것도 중국 기원설을 뒷받침해준다. 물고기뿐만 아니라, 벌레나 용과 같은 동물이 숨어 있다는 이야기도 있다.

*

한편 『미미부쿠로』에는 돌 수집가로 유명한 기우치 세키테이(木內石亭, 1725~1808)[118]에 관한 에피소드도 수록되어 있다.

돌을 매우 좋아하는 세키테이가 어느 행각승에게 진귀한 돌을 받았는데, 주먹만 한 크기의 검은 돌로, 탁자에 있는 벼루 위에 놓자 깨끗한 물이 펑펑 넘쳐 나왔다.

---

118 본초학자, 기석(奇石) 수집가.

정말 기묘한 광경이었다. 세키테이가 기뻐하며 소중히 다루자 한 노인이 곰곰이 살펴보고는,

"이렇게 물기가 많은 돌은 필시 내부에 용이 숨어 있을 거요. 용이 승천하면 큰일 납니다. 빨리 버리는 게 좋을 거요."라고 충고했다.

그러나 그는 아까워서 버리지 않았다. 그러던 어느 비 올 것 같이 흐린 날, 돌이 평소와는 달리 엄청나게 많은 물을 뿜어내기 시작했다. 그 모습을 보고 놀란 세키테이는 그 돌을 마을에서 떨어져 있는 사당에 바치고 왔다. 그런데 그날 밤, 비가 억수같이 쏟아지고 벼락이

치면서, 사당 안에서 검은 구름이 일어나고는 어떤 물체가 승천했다.

다음 날 마을 사람들이 사당으로 몰려가 보니, 돌은 반으로 쪼개져 있었다. 이는 분명 용이 승천한 것을 말해주는 것 같았다.

『미미부쿠로』는 이처럼 그럴싸하게 기술하고 있지만, 세키테이가 지은 『운근지(雲根志)』를 보면, 세케테이 자신이 그러한 돌을 가지고 있었다는 말은 한마디도 나와 있지 않다. 그가 기술하고 있는 것은 각 지방의 소문뿐이다. '이 모든 이야기는 그저 전해 들었을 뿐 그 실체는 확인하지 못했다.'라고 세키테이는 전하고 있다.

*

이런 종류의 전설에는 나름대로 필연성이 있는 것 같다. 돌 같은 치밀한 물체 안에 생물체가 숨어 있다는 것은, 그것이 불가능하기 때문에 더욱 흥미롭게 느껴지는 것이다. 『서유기(西遊記)』의 손오공도 돌에서 태어나지 않았는가.

34

바다의 괴물

　배에 관한 유령 이야기는 규슈 히라토(平戸) 번
주(藩主)였던 마쓰라 기요시(松浦静, 1769~1841)의 수
필 『갑자야화』에 꽤 많이 등장한다. 히라토에서는 유
령선을 일명 구제선(グゼ船)이라고도 하며, 바다에
서 익사한 자의 혼령이 밤마다 왕래하는 배를 홀린
다고 되어 있다.

야마자키 요시시게(山崎美成, 1796~1856)[119]의 『세사백담(世事百談)』에는 비바람이 거센 밤에 이러한 현상이 자주 일어난다고 쓰여 있다. 주먹만 한 목화솜이 바람에 날리듯이, 파도에 떠내려오다가 이윽고 그 하얀 물체가 섬점 커지면서 눈, 코, 입 등을 갖춘 사람 얼굴 모양으로 바뀐다. 가냘픈 목소리로 친구를 부르는가 하면 갑자기 수십의 유령이 바다 위에 나타나 파도와 파도 사이로 출몰한다.

유령들은 배 위로 올라오려는 기세로 뱃전을 붙잡고 배의 항해를 방해한다.

뱃사공들은 필사적으로 노를 젓지만 쉽게 빠져나가지 못한다.

유령들은 큰 목소리로,

"이나타 좀 줘봐!"라고 외친다. 그 목소리는 의외로 정확하게 들린다. '이나타'라는 것은 뱃사람들끼리의 속어로 큰 국자를 의미한다. 그러나 아무 생각 없이 그 국자를 건네주면 큰일 난다. 유령들은 그 국자로 배 안

---

119 에도 시대 수필가, 잡학가.

에 물을 떠 부어 배를 침몰시키려 하기 때문이다.

따라서 이러한 사정에 밝은 노련한 뱃사공은 국자에 구멍을 내 바다로 던진다. 그러면 아무리 유령들이 설쳐도 배가 침몰하지 않는다.

*

유령이 국자를 달라고 하는 이야기가 반 고케이(伴蒿蹊, 1733~1806)[120]의 『한전경필(閑田耕筆)』, 쓰무라 마사스케(津村正恭)의 『담해(譚海)』, 또 『갑자야화(甲子夜話)』에도 나오는 것을 보면, 가장 일반적인 배 유령의 행동 양식인 것 같다. 『한전경필』에서는 유령이 13~14세 정도의 아이 목소리로 "어이 어이." 하고 부른다. 이에 뱃사람은 "좋아, 거기에 있거라, 거기에 있어."라고 대답한다고 한다. 다가오면 큰일이니까…….

---

120 에도 시대 후기 가인, 문필가.

　배 유령과는 다르지만 이소온나(磯女, 물가의 여자)
라는 바다 요괴가 있다. 이 유령 역시 배를 물가 바위
에 묶어 놓으면 다가와서 국자를 달라고 한다. 따라서
이소온나가 출현하면 배를 매 놓은 밧줄을 끊고 재빨리
바다로 피신해야 한다.

　또 우미보즈(海坊主, 중의 머리를 한 바다 요괴)
라는 요괴도 있다. 야나기하라 노리미쓰(柳原紀光,
1746~1800)[121]의 『한창자어(閑窓自語)』에 의하면, 이 요괴

---

[121] 에도 시대 공가(公家), 역사가.

는 모습이 인간과 흡사하고, 온몸이 검어 옻칠을 한 것 같으며 바다 위로 상반신을 세우고 걷는다고 한다. 이것을 기술한 자는 뒷모습만 봤기 때문에 얼굴은 어떻게 생겼는지 모른다. 목소리는 피리 소리 같다고도 한다.

*

유럽에서 우미보즈에 필적하는 요괴를 찾는다면 16세기경의 『동물지(動物誌)』에 종종 등장하는 '바다 승려'나, '바다 사제' 정도일 것이다.

기욤 롱드레(Guillaume Rondelet, 1507~1566)[122]의 『어류전지(魚類全誌)』에 의하면, "이 괴물은 사람 얼굴인데 조야(粗野)하고 무례하게 생겼으며, 중의 머리를 하고 있다. 어깨에는 승려의 망토 같은 것이 있고, 팔 대신에 두 개의 지느러미가 붙어 있다. 하반신 끝은 넓은 꼬리로 되어 있다."고 한다.

---

[122] 16세기 프랑스 해부학자, 박물학자.

당시의 박물학자 콘라드 게스너(Conrad Gesner)[123]와 앙브루아즈 파레(Ambroise Paré, 1510~1590)[124]의 책에도, 이 '바다 승려' 혹은 '바다 사제'의 삽화가 있는데, 그것을 보면 인간의 얼굴을 하고 온몸은 비늘로 덮여 있다.

아마도 이것은 북해에 사는 바다코끼리나 강치, 바다표범 등을 당시 사람들이 보고 멋대로 상상한 것이 아닐까. 혹은 진기한 것을 파는 상인들이 생선 몸에 인간의 머리를 붙여 괴물을 좋아하는 귀족들에게 팔았을지도 모른다. 이것은 동물학과 괴물학이 아직 분리되어 있지 않았던 시대의 일이었다.

---

123 스위스 박물학자.
124 프랑스 왕실의 외과의. 근대 의학의 선구자.

35

가쿠레미노 원망(願望)

사람들 시선에서 자신의 몸을 감춰버리고 싶은 바람을 에도가와 란포(江戸川乱歩, 1894~1965)[125]는 아주 적절하게 가쿠레미노[126] 원망(隠れ蓑願望)이라 이름 붙였다.

---

125 일본 탐정·추리소설의 기초를 다진 소설가.
126 걸치면 타인의 눈에 보이지 않는 투명 망토.

어떤 장난을 쳐도, 아무리 나쁜 짓을 해도 사람들 눈에 보이지 않는다는 것은 정말 즐거운 일이 아닐 수 없다.

아폴리네르(Guillaume Apollinaire, 1880~1918)[127]의 단편소설 『오노레 슈브랙의 소멸』은 H·G·웰즈(Herbert George Wells, 1866~1946)[128]의 『투명인간』과 유사한 작품으로, 아주 위급할 때 옷을 벗어 던지고 벽에 찰싹 달라붙으면 마치 보호색을 띤 동물처럼 다른 사람 눈에 보이지 않게 된다는 한 남자의 이야기다.

한편 일본 옛날이야기에 자주 나오는 가쿠레미노는 진기한 보물로, 그것을 몸에 걸치면 모습이 보이지 않게 된다. 이야기 속에서는 지혜로운 한 남자가 덴구를 속여 보잘것없는 물건과 이 가쿠레미노를 바꿔치기하여 감쪽같이 빼앗는다. 유럽에도 투명 망토나 투명 모자 이야기가 존재하는 것을 보면, 란포가 이름 붙인 '가쿠레미노 원망'이라는 어휘는 전 세계적으로 인정을 받고 있는 것 같다.

---

127 이탈리아 출신 폴란드 시인. 소설가, 미술비평가.
128 영국의 소설가.SF의 아버지.

그리스신화의 페르세우스(Perseus)[129]가 괴물 고르곤을 퇴치할 때 쓰고 있던 모자도 모습을 안 보이게 하는 투명 모자였다.

오리쿠치 시노부(折口信夫, 1887~1953)[130]에 의하면 도롱이나 삿갓은 고대인에게는 일종의 변장을 위한 복장이었다고 한다. 삿갓을 쓰고 도롱이를 걸침으로써 인간은 신에 가까운 존재가 된다. 저승에서 온 사자, 다른 세계에서 온 방문자는 항상 삿갓과 도롱이를 걸친 모습으로 등장한다. 가쿠레미노도 아마 이러한 신앙을 바탕으로 형성된 공상의 산물임이 틀림없다.

헤이안 시대 와카(和歌)나 모노가타리(物語)에는 가쿠레미노에 관한 것이 많이 언급되고 있다. 산실(散失)된 모노가타리에도, '가쿠레미노 중장(中将)'[131]이라는 주인공이 모습을 감추고 행동한다는 줄거리의 이야기가 실려 있다. 이야기의 제목은 「가쿠레미노」다. 만약

---

129 그리스신화에 등장하는 반신(半神) 영웅.
130 국문학자, 가인(歌人).
131 좌우근위부(左右近衛府) 차관.

이 작품이 남아 있다면 일본 최초의 SF 소설이 되었을 지도 모른다.

『고본설화집(古本說話集)』은 용수보살(龍樹菩薩)이 과거에 가쿠레미노를 가지고 황후를 범한 에피소드를 전하고 있다. 『곤자쿠모노가타리』에도 유사한 이야기가 실려 있다.

*

용수(龍樹)는 3세기 전반기에 활동한 인도의 불교 철학자다. 그가 아직 속인(俗人)이었을 때, 두 친구와 함께 겨우살이를 10cm 길이로 잘라 300일간 그늘에 말려 가쿠레미노 약을 만들었다. 이것을 머리카락에 꽂으면 가쿠레미노처럼 순간적으로 모습이 사라져버린다고 한다.

이렇게 투명인간이 된 세 사람은 왕궁에 침입하여 닥치는 대로 왕비와 궁녀들을 범했다. 희롱당한 여자들은 굴욕감을 참지 못하고 왕에게 "요 근래 뭔가 안 보이는 물체가 다가와 저희의 몸을 만집니다. 정말 싫어요."라고 호소했다.

　　왕은 명석한 자여서 바로 그 의미를 알아챘고, 곰
똘히 생각한 끝에 궁중 바닥에 재를 뿌려두게 했다. 재
를 뿌려두면 발자국이 남을 것이고, 발자국이 찍힐 곳

을 예상하여 검을 휘두르면 범인을 죽일 수 있기 때문이다.

왕의 계획은 적중했고, 두 명의 친구는 모두 칼에 맞아 죽었다. 그러나 용수는 왕비의 치마를 뒤집어써서 겨우 목숨을 건질 수 있었다. 그리고 기회를 틈타 왕궁을 빠져나갔다.

용수는 대승불교를 확립한 철학자였지만 젊었을 때는 이렇게 파렴치한 짓을 하기도 했다.

이 에피소드에서 엿볼 수 있듯이, '가쿠레미노'라는 주제는 확실히 포르노 소설에 어울리는 것 같다. 헤이안 시대 모노가타리도 어쩌면 포르노그래픽한 것이었을지도 모른다.

36

파괴된 인조인간

헤이안 말기에서 가마쿠라 초기에 걸쳐 활동한 가인 (哥人)으로서 유명한 사이교(西行, 1118~1190)[132]가 몰래 인조인간을 만들었다는 전설이 있다.

옛날부터 사이교의 저술이라고 전해졌지만 최근 연

---

132 헤이안 시대 말부터 가마쿠라 초기에 걸쳐 활동한 무사, 승려, 가인.

구에서는 사이교의 것이 아니라는 주장이 제기되고 있는 가마쿠라 시대 불교설화집 『찬집초(撰集抄)』에는 '사이교, 고야산(高野山)[133] 깊은 곳에서 사람을 만들다.'라는 에피소드가 기술되어 있다.

고야산 깊은 곳에서 불도를 수행하고 있던 사이교는 어느 날, 너무 적적하여 심심풀이로 인간을 만들어볼까 하는 생각이 들었다. 악귀가 죽은 사람의 뼈를 수습하여 인간을 만든다는 이야기가 떠오른 것이다. 사이교는 어느 정도 비술을 터득하고 있었던 터였다.

*

그러나 만들어진 인간은 피부가 좋지 않고 영혼도 없으며 피리 소리 같은 기분 나쁜 목소리를 내는 도깨비에 지나지 않았다. 화가 난 사이교는 그것을 부숴버리려 했지만, 그래도 인간 모습을 한 물체를 거칠게 다

---

133 와카야마 현 북동부에 위치. 진언종(眞言宗)의 영지.

룰 수 없었다. 어쩔 수 없이 사이교는 인조인간을 산속에 버렸다.

자신의 실패가 납득이 가지 않았던 사이교는 상경하자마자 비술의 대가인 후시미사키노 추나곤모로나카쿄(伏見前中納言師仲卿)를 찾아가 전후사정을 이야기하고 자문을 구했다. 사이교의 이야기를 가만히 듣고 있던 모로나카쿄(師仲卿)는 이렇게 말했다.

"뭐, 자네의 방법도 나쁘지는 않아. 하지만 반혼(返魂)[134]의 비술을 행하기에는 아직 수행이 부족해. 나는 시조다이나곤(四条大納言)[135]의 비술을 전수받고 지금까지 몇 번이나 인간을 만들었지. 그중에는 출세해서 대신이 된 자도 있지만 그자의 이름을 밝힐 수는 없다네. 밝히게 되면 만든 나도, 만들어진 그 인간도 바로 연기처럼 사라져버릴 테니까."

반혼의 기술이라 함은 아마도 중국에서 건너온 밀교 사상과 음양도를 절충한, 죽은 자의 혼을 다시 불러내

---

134 죽은 영혼을 되돌아오게 하는 것.

135 헤이안 말기 공가(公家) 후지와라 긴토(藤原公任).

는 비술이다. 모로나카쿄는 비밀리에 이것을 행한 것으로 보인다. 그는 사이교에게 인간을 만드는 인간조출법(人間造出法)을 자세히 전수해줬다.

그러나 사이교는 이야기를 들으면서 지루하고 질리는 기분이 들었던 것 같다. 왜 그랬을까. 아마도 사이교는 인조인간을 만드는 행위에 뭔가 불길한 예감과 신의 창조 비밀을 훔치는 행위에 어떤 악마적인 조짐을 느꼈을 것이다. 그것은 일종의 공포 혹은 불안이었을지도 모른다.

*

인조인간의 역사는 유럽에서도 중세 무렵부터 전해지고 있는데, 인조인간을 만드는 이른바 불순한 꿈에 사로잡힌 자는 죄다 사악한 마술사로 취급되었다. 기독교 전통에서 본다면 그것은 악마적 행위일 수밖에 없었다.

13세기 최대의 스콜라철학자로 알려진 알베르투스

마그누스(Albertus Magnus, 1193?~1280)[136]는 나무, 납, 구리로 인조인간을 만드는 데 성공했다. 인조인간은 알베르투스의 하인으로 성실히 일했다. 그러던 어느 날 독일 쾰른에 있던 그의 집에 제자 토마스 아퀴나스(Thomas Aquinas, 1225?~1274)[137]가 찾아왔다. 토마스가 대문을 두드리자 인조인간이 나와 공손히 문을 열고는 의미를 모르는 말을 하기 시작했고, 토마스는 공포에 질려 순간적으로 그 인조인간을 때려 부쉈다고 한다.

---

136 독일 신학자.
137 이탈리아 신학자, 철학자.

37

뱃속의 응성충(應聲蟲)

그레고리오 성가로 알려진 6세기 말 법왕 그레고리우스 1세(Gregorius I, 540?~604)는 그의 저술 『대화집』에 어느 젊은 수녀가 악마를 삼켜버렸다는 흥미로운 에피소드를 남기고 있다.

젊은 수녀는 여자 수도원 마당에서 양상추 잎을 두세 개 따서 먹었는데, 배 속으로 악마가 들어간 듯한 느낌이 들었다. 이에 수도원은 발칵 뒤집어졌고 퇴마사, 즉 엑소시스트가 왔다. 엑소시스트는 악마를 향해 빨리 나오라고 설득했다. 그러자 악마는 "나는 단지 양상추 잎 위에 가만히 앉아 있었을 뿐이야. 특별히 아가씨 배 속에 들어가고 싶었던 게 아니야."라고 대답했다.

악마 입장에서는 수녀에게 먹힌 것 자체가 재난이었던 셈이다. 절대로 그녀에게 들러붙을 생각 따위는 하지 않았다. 어쩌면 많은 빙의 현상도 이와 비슷하게 단순히 빙의된 사람의 정신적인 문제에 지나지 않을지도 모른다.

*

유럽 악마와는 전혀 다르지만, 배 속에 벌레 같은 것이 들어 있어 밖에서 들리는 소리에 이 벌레가 반응하여 소리를 낸다는 희귀병을 중국에서는 예로부터 응성충(應聲蟲)이라고 한다. 일본에서도 이러한 예가 전해지고 있다.

교토(京都) 아부라코지(油小路) 니조(二条) 노보루초

(上ル町)에 사는 병풍 가게 주인 조에몬(長右衛門)의 아들 조자부로(長三郎)라는 12살 난 소년이 1703년 5월 상순에 이상한 병에 걸렸다. 배에 생긴 종기에 입이 달려 있어 본인이 뭔가 말하면 같은 말을 되풀이했다. 그뿐 아니라 그 입으로 음식을 게걸스럽게 먹기도 했다. 너무 많이 먹으면 안 된다고 생각해서 못 먹게 하면 고열이 나고 그 종기에 달린 입이 크게 아우성쳤다.

여러 의사에게 진찰을 받아 봤지만 아무런 효과가 없었고, 7월이 되어 히시겐류(菱玄隆)라는 명의에게 진찰을 받았다.

"이런 환자는 여태까지 본 적이 없지만 외국 의서에는 같은 사례가 나와 있습니다."

의사는 우선 여러 가지 약을 배에 붙어 있는 입으로 마시게 하고는 그 입이 싫어하고 안 먹는 약만을 조제했다.

"필시 또 큰 소리로 난리 칠 겁니다만, 괜찮으니 계속 먹이시오."라고 하며 계속 먹이자 그 입은 끝내 목이 쉬어서 음식도 안 먹게 되었다.

그리고 10일 정도 지나 항문에서 길이 약 33cm, 머리에 뿔이 하나 있는 우룡(雨龍) 모양의 벌레가 나왔는데, 곧바로 그 벌레를 죽여버렸다고 한다. 우룡은 도마뱀 같은 작은 용을 연상하면 될 것이다. 이 이야기는 『신저문집(新著聞集)』과 『시오지리(塩尻)』에도 나온다.

*

중국의 오래된 본초학(本草學)[138] 서적에 의하면 이 응성충을 구충하는 데는 덴간(電丸)이라는 식물성 약이 효험이 있다고 쓰여 있다. 어쨌든 이러한 병도 빙의와 같이 인간의 병든 정신이 만들어낸 망상이 아닐까 생각한다.

다니자키 준이치로(谷崎潤一郎) 소설에 나오는 사람 얼굴 모양을 한 인면창(人面瘡)이라는 종기도 소리를 내는 것은 아니지만 어딘가 '응성충'과 통하는 면이 있다.

이것은 무릎에 생기는 종기로, 반복해서 짜내거나

---

138 약재로 쓰이는 식물, 동물, 광물에 대한 연구.

하는 과정에서 점점 사람이 웃는 얼굴 모양으로 바뀌어 가는 기분 나쁜 병이다. 간 사잔(菅茶山, 1748~1827)[139] 의 『후데노 스사비(筆のすさび)』는 의사 가쓰라가와 호 켄(桂川甫賢, 1797~1844)[140]의 말을 빌려 인면창의 증상을 자세하게 설명하고 삽화까지 싣고 있다.

  아마도 인간은 병까지도 판타지를 추구했던 것 같은 데, 질병의 예술이라고 표현할 수 있을 것이다.

---

139 에도 후기 유학자, 한시인(漢詩人).
140 에도 후기 난학자(蘭学者), 막부 의관(醫官).

38

백귀야행(百鬼夜行)

한밤중에 무서운 형상을 한 수많은 귀신이 불을 태우며 줄지어 행렬하는 것을 백귀야행이라고 한다. 이에 대해 갖가지 사례가 전해지고 있는데, 『곤자쿠모노가타리』 14권에 나오는 도키노 우다이진(時の右大臣) 후지와라노 요시미(藤原良相, 813~867)[141]의 아들 쓰네유키(常

---

141 헤이안 전기 공가(公家).

行)가 경험한 백귀야행 목격담을 소개하겠다.

쓰네유키는 아주 미남으로, 색을 좋아하고 자주 밤놀이를 즐겼다. 이날도 역시 여자를 만나기 위해 부모의 만류를 뿌리치고 동자를 데리고 밤에 외출했다. 비후쿠몬(美福門) 앞에 낭도하사, 동쪽 대궁(大宮) 쪽에서 수상한 자들이 불을 피우고 왁자지껄 소란을 피우며 다가왔다. 쓰네유키는 신센엔(神泉苑) 북문에 숨어 그들이 지나가는 모습을 몰래 엿보고 있었다. 그들은 무서운 형상을 한 귀신들이었다. 쓰네유키는 너무나 무서운 나머지 기절해버렸다.

귀신들은 "사람이다! 잡아라!"하며 쓰네유키가 있는 곳으로 달려왔다. 쓰네유키는 "이제 끝났어!" 하고 체념하고 있었는데, 어찌 된 일인지 귀신들은 아무리해도 그를 붙잡을 수가 없었다. 그러던 중 귀신 하나가 "존승다라니(尊勝陀羅尼)가 있다."라고 외치자 그 무리들은 바로 불을 끄고 뿔뿔이 흩어져 도망쳐버렸다.

쓰네유키의 유모가 전에 오빠 아자리(阿闍梨)[142]에게

---

142 불법을 교수하는 승려.

존승다라니 필사를 부탁하여 쓰네유키의 옷깃에 넣어 둬서 귀신들이 그에게 접근할 수가 없었던 것이다.

존승다라니는 87구로 되어 있는 주문으로, 이 경문을 몸에 지니고 있으면 백귀야행 귀신들이 범접하지 못한다고 전해진다. 말하자면 대단한 효력을 가진 퇴마 부적과 같은 것이다.

쓰네유키가 목격한 백귀야행은 『곤자쿠모노가타리』에는 단순히 '무서운 형상'이라고 적혀 있는데, 『고본설화집(古本説話集)』에는 손이 세 개, 다리가 하나, 눈이 하나인 이상한 형상을 한 귀신들의 집단이라고 자세히 나와 있다. 또 『우지슈이모노가타리(宇治拾遺物語)』 12권에 나오는 백귀야행은 키는 처마에 닿을 정도로 크고 말 머리를 한 귀신이었다. 에마키모노(絵巻物)의 백귀야행 그림을 보면 청귀(青鬼)·적귀(赤鬼) 외에 동물이나 악기가 둔갑한 것도 있다.

당시에는 음양역술(陰陽暦術)로 백귀가 출현하는 날짜와 시각이 정해져 있었고, 그 시각에는 외출을 신중하게 고려했다. 색을 즐기는 쓰네유키처럼 이를 무시하고 외출하면 무서운 일을 경험하게 되는 것이다. 헤이안 시대부터 가마쿠라 시대에 걸쳐 어쨌든 밤은 칠흑 같았으므로 괴이한 그림자만 보이면 모두 두려워했다.

*

물론 존승다라니를 항상 몸에 지니고 있으면 안심이지만, 이것도 일반인에게는 쉽게 손에 넣을 수 있는 것이 아니었다. 간단한 방법으로는 입으로 외우는 주문이 있었다. 당시의 백과사전이라 할 수 있는 도인 긴카타(洞院公賢, 1291~1360)[143]의 『슈가이쇼(拾芥抄)』 「야행야도중가(夜行夜途中歌)」는 다음과 같은 31개 문자를 인용하고 있다.

'가타시하야, 에카세니쿠리니, 다메루사케, 데에히, 아시에히, 와레시코니케리(カタシハヤ、イカセニクリニ、タメルサケ、テエヒ、アシエヒ、ワレシコニケリ).'

의미는 알 수 없으나 이 31개 문자를 외우고 있으면 백귀야행의 재난을 피할 수 있다고 한다.

참고로 이 『쇼카이쇼』에는 '사람의 혼을 볼 때의 노

---

143 남북조시대(南北朝時代) 공가.

래'도 나오는데 다음과 같다.

'다마와미쓰, 누시와타레토모, 시라네도모, 무스비
토도메시, 시타카에노쓰마(タマハメツ、ヌシハタレトモ、
シラネドモ、ムズビトドメシ、シタカエノツマ).'

귀신은 암흑세계에 살기 때문에 백귀야행은 한밤중
에만 나타나고, 해가 뜨면 그들은 바로 모습을 감춘다.
그 점에서는 서양의 발푸르기스 밤(Walpurgisnacht)[144]의
악마들과 동일하다.

---

144 4월 30일부터 5월 1일에 중·북유럽에서 널리 행해지는 sabbat 행사.

39

알렉산더대왕의 해저 탐험

신비하고 깊은 바닷속으로 들어가 물고기를 비롯하여 기괴한 생물체가 움직이는 모습을 보는 것은 인류의 꿈이었다. 아마도 하늘을 나는 것도 마찬가지였을 것이다. 그리고 현대에는 바티스카프(해저잠수정)라는 것이 존재한다. 이러한 해저잠수정(海底潛水艇)을 만들어 세계 최초로 바닷속을 탐험한 자는 알렉산더대왕이었다고 전해진다.

알렉산더대왕은 젊은 시절 마케도니아 대제국을 건설한 전설적인 인물이다. 그 원정 이야기는 작가의 상상력으로 윤색되어, 이국적인 동양을 무대로 한 환상적인 로망으로까지 발전했다.

예를 들면 날개 달린 그리프스(gryps)[145]가 끄는 일종의 기구(氣球)를 타고 알렉산더대왕이 하늘을 나는 이야기, 이국의 여왕과 사랑에 빠지는 이야기, 개의 머리를 한 괴물과 인어를 만난 이야기도 있다. 또 숲 속의 식물이 아름다운 처녀로 변신하는 이야기도 있다. 대왕의 해저 탐험 에피소드도 이러한 이야기 중 하나다.

*

알렉산더대왕은 철 테를 두른 유리통을 만들게 했다. 철 테는 깊은 바다 수압에 견딜 수 있게 하기 위함일 것이다. 통의 윗부분에 뚜껑이 있고 그것을 통해 안

---

[145] 사자의 몸통에 독수리의 머리와 날개를 가진 괴물.

으로 들어갈 수 있다. 사람이 들어간 통을 길이 90m의 황금 사슬로 배에서 천천히 바닷속으로 내리는 것이다. 이리하여 대왕은 혼자서 유리통 속에 들어가 페르시아만 바다 밑으로 내려갔다.

중세의 미니아튀르(miniature, 세밀화)를 보면 왕관을 쓰고 홀(笏)을 쥐고 의자에 앉아 있는 알렉산더대왕이 유리통 안에서 깜짝 놀란 표정을 지으며 주위 해저 풍경을 신기한 듯이 바라보고 있다. 왕의 양옆에는 두 개의 램프가 켜진 채로 매달려 있다. 어두운 해저를 비추기 위함이다.

유리통의 상하좌우에는 크고 작은 물고기와 정체를 알 수 없는 바다 생물체가 득실득실 헤엄치고 있다. 거대한 고래 같은 물고기가 지금이라도 통을 부술 듯한 기세로 지나간다. 왕은 유리통 앞을 헤엄쳐 가는 데 3일이나 걸린 거대한 바다 괴물을 봤다고 한다.

12세기 영국의 철학자 알렉산더 네캄(Alexander Neckam, 1157~1217)은 "왕이 우리를 위해 관찰 기록을 남기지 않은 것은 정말 유감이다."라고 전하고 있다. 그는 알렉산더의 해저 탐험담을 그대로 믿었던 것 같다.

그 후 해저잠수정의 이미지는 근대 과학의 아버지로 일컬어지는 영국의 프랜시스 베이컨(Francis Bacon, 1561~1626)이 고안한 것으로 보인다. 그것은 내부 공기를 유지한 채로 바다 밑으로 가라앉는 금속제 용기였다. 그러나 그것이 실제로 응용되었는지는 확인되지 않았다.

*

일본에서는 이세시마(伊勢志摩, 미에 현 남동부) 구귀수군(九鬼水軍)[146]이 맹선(盲船)이라는 배를 고안하여 오사카 겨울 진영에 활용했다고 한다. 그러나 배 외벽 전체를 방패용 널빤지로 견고하게 덧싸서, 적의 공격과 침수를 막았다는 전국시대 맹선이 과연 깊게 삼수할 수 있었는지는 의문이다.

미국 동물학자 윌리엄 비브(William Beebe, 1877~1962)는 1932년에 범종형(梵鐘型) 잠수기에 들어가 버뮤다제도 부근의 해저 670m까지 내려갔다. 알렉산더 이후 인류의 꿈이 그때서야 비로소 실현된 것이다.

바다 밑은 생명의 고향이다. 헝가리 정신분석학자 샨도르 페렌치(Sandor Ferenczi, 1873~1933)는 인간의 고향은 탈라사(Talassa, 바다를 의미함)[147]라고 했다. 해저 탐험은 그러한 의미에서 모태(母胎)로 돌아가고 싶어 하는 일종의 태내회귀원망(胎內回歸願望)의 표현일지도 모른다.

---

146 전국시대 수군(水軍).
147 그리스신화의 여신. 바다를 신격화한 원초신(原初神). 지중해를 의인화한 것으로 생각하는 작가도 있다.

40

무서운 동요

혜성의 출현이나 일식, 월식 같은 천체 현상은 어떤 미래의 사회적 혹은 정치적 사건을 암시하는 불길한 전조처럼 해석되는 경향이 있다. 그와 마찬가지로 사람들 사이에서 폭발적으로 유행하는 동요도 과거에는 뭔가 기분 나쁜 전조처럼 여겨졌다.

이러한 감각은 언어에 대한 주술적인 두려움을 거

의 잊고 있는 현대인들도 이해할 것이다. 의미는 전혀 명확하지 않지만, 들으면 소름 끼치는 말들이 존재하기 때문이다. 어쨌든 말도 물체와 같아서 그 안에 신령이 깃들어 있는 것은 아닐까 생각한다.

아스카시대(飛鳥時代, 6세기 말~7세기 전반)부터 오미조(近江朝, 668~672)에 걸쳐 수수께끼 같은 동요가 끊임없이 유행했고 그때마다 사람들은 두려움에 떨었다. 또 어떤 전조가 아닐까 하며 초조해하기도 했다. 동요가 유행하기 시작하면 사람들은 뭔가 사건을 생각한다. 그리고 거기서 어떤 인과관계를 찾아내기 위해 노력한다.

『일본서기(日本書紀)』에는 그러한 동요가 몇 곡 기록되어 있다. 예를 들면 사이메이왕(齊明, 재위 655~661) 6년 12월에 의미를 알 수 없는 노래가 유행했다.

많은 학자들이 문자를 이리저리 맞추면서 어떻게 해서든 앞뒤가 맞게 해석하려 했지만, 결국 64문자의 기괴한 문구는 현재에 이르기까지 이렇다 할 정설이 없는 실정이다.

*

660년은 사이메이 왕이 위기에 처한 백제를 돕기 위해 신라로 출병하려고 배와 수군을 정비하고 있던 해다. 따라서 이 동요는 왕의 신라 출병 실패를 예언한 것으로 여겨졌다. 그러나 여전히 명확한 의미는 알 수 없다.

예능사 연구가 이와하시 고야타(岩橋小弥太, 1885~1978)의 의견은 대개 가요라는 것은 선율과 박자가 좋으면 가사의 의미가 통하지 않아도 되는 것이라서 이 노래의 경우도 그 의미를 굳이 찾지 않아도 된다는 것이다. 나 역시 그렇게 생각한다.

에도가와 란포의 『백일몽(白晝夢)』이라는 단편소설 첫머리에는 따사로운 바람이 부는 늦은 봄날 오후, 먼지 낀 변두리 길가에서 머리를 양 갈래로 딴 소녀들이 길 가운데에 원을 만들고는, "앗푸쿠 치키리키 앗팟파아……앗팟파아……" 하면서 노래하는 장면이 나온다. 아무 의미가 없는 동요 가사인데, 마치 곧 일어날 참극을 예고하는 듯, 왠지 불길한 분위기를 조성한다. 특히 이 난센스한 가사가 분위기를 한층 으스스하게 만드는데, 이것은 란포가 의도한 것으로 보인다.

*

동요뿐만 아니라 일반적으로 대중적인 예능이 전국적으로 불이 번지듯 퍼져나갈 때 위정자들은 신경을 곤두세운다. 실제로 시대가 바뀔 때 이러한 현상이 자주 일어났다.

헤이안 말기 원정기(院政期)[148]에는 교토 안팎으로 덴가쿠(田楽)[149] 무용이 선풍적으로 유행했다. 당시 『라쿠요덴가쿠기(洛陽田楽記)』라는 르포르타를 쓴 오에 마사후사(大江匡房, 1041~1111)는 이것이 어떤 전조가 아닐까 생각했던 것 같다. 그는 혹시 이것이 여우 때문이 아닐까라고 말하기도 했다.

1923년 관동대지진이 발생하기 전에 「가레스스키(枯れすすき, 마른 억새)」[150]가 유행했던 사실은 잘 알려져 있다. 1945년 패전 때도 「안녕 라바울(Rabaul)」[151]이라는 백치적(白痴的)인 노래가 유행했었다.

---

148 11세기 후반에서 12세기 말에 걸쳐 상왕이 정치적 주도권을 잡고 있던 시기.
149 헤이안 중기, 모내기 전에 풍작을 기원하는 퍼포먼스에서 발전한 일본 전통 예능.
150 1922년경의 유행가.
151 파푸아뉴기니의 항구. 2차대전 당시 일본의 해군기지.

41

대(大)가 소(小)를 삼키는 기예

상자 안에 상자, 또 그 상자 안에 상자, 이런 식으로 크고 작은 갖가지 상자를 순차적으로 겹쳐 포개 넣는 마술은 중국에서 시작되었다. 이 마술 상자야말로 중국인이 가진 상상력의 특징을 가장 명쾌하게 대변해주는 것이다

육조시대(六朝時代)[152] 지괴소설(志怪小說)[153]이나 당대(唐代)의 전기소설(傳奇小說) 등을 읽어보면 놀랍게도 대부분의 작품이 마술 상자와 똑같은 패턴의 주제를 다루고 있다. 아마도 옛 중국인은 다른 민족에 비해 이미지 유희를 즐겼던 것으로 보인다.

당대의 『현괴록(玄怪錄)』에 있는 「가죽부대괴담(皮袋怪)」의 줄거리를 소개하겠다.

*

북주(北周)의 정제(靜帝, 6세기) 초년, 거연(居延, 甘肅省)의 한 마을 촌장이었던 발도골저(勃都骨低)라는 자의 집에 어느 날 광대 차림의 남자 수십 명이 찾아와 명함을 내밀었다. 골저가,

"당신들은 광대처럼 보이는데 뭘 할 수 있소?"라고 묻자, 대표로 보이는 자가,

---

152 229~589. 중국 후한(後漢) 멸망부터 수(隨) 통일까지.
153 중국 옛(舊)소설로 괴이한 이야기들을 짧은 문장으로 엮은 것.

"마술을 할 수 있습니다."라고 대답했다. 골저가 매우 기뻐하자 다른 광대가 앞으로 나와,

"저희는 아무것도 먹질 못해 뱃가죽이 붙을 정도로 배가 고파 기운이 없습니다."라고 말을 꺼냈다. 골저는 기꺼이 음식을 차려줬다. 그러자 또 다른 사람이 나와,

"그럼, 여기서 대가 소를 겸하고 원상태로 돌리는 마술을 보여드리겠습니다."라고 하더니, 차례로 키가 큰 자가 작은 자를, 뚱뚱한 자가 마른 자를 삼키고는 처음 네 사람이 두 사람이 되었다. 마술 상자처럼 인간이 합쳐진 것이다. 그러자 키가 큰 자가,

"원위치."라고 외치니까 한 사람을 토해내고, 나온 자가 또 한 사람을 토해내면서 원래대로 돌아왔다. 그것을 보고 매우 놀란 골저는 그들에게 많은 돈을 주고 돌려보냈다.

광대들은 그 후로 매일같이 찾아와 같은 마술을 보여줬고, 귀찮아진 골저는 음식도 내놓지 않게 되었다. 그러자 화가 난 광대들은 골저의 자식들을 비롯해 처와 첩들을 삼켜버렸다. 골저가 두려운 나머지 용서를 빌자 그들은 웃으면서 삼킨 자들을 다 토해냈다.

동서기담

　이야기는 마지막에 광대들의 정체가 낡아 버려진 수
천 개의 가죽 부대였다는 것으로 끝난다. 요컨대 광대
들은 가죽 부대 요괴였던 것이다.

*

호중천(壺中天)의 고사나 남가(南柯)의 꿈에 관한 고사는 유명하다. 호중천 고사에는 작은 항아리 속으로 들어가면, 거기에 훌륭한 건물이 있고 산해진미와 술이 차려져 있다는 이야기가 있다. 남가의 꿈은 어떤 남자가 꿈속에서 개미 왕국에서의 생활을 체험한다는 이야기다. 크고 작은 세계가 포개지는 도구가 되어 비밀 구멍을 빠져나가면 두 개의 세계가 교류할 수 있게 되는 것이다. 그리고 그 세계가 더 늘어나면 이 마술 상자처럼 될 것이다.

유럽에서는 유토피아에 가기 위해서는 항상 위험한 바다를 건너야 했다. 그런데 중국에서는 도원경에 도달하기 위해서 단지 동굴이나 나무숲을 살짝 빠져나가거나 항아리 속으로 들어가는 것만으로 충분했던 것 같다.

도원경은 현실과 땅으로 이어져 있으면서 현실 뒤편에 숨어 있는 세계라고 한다. 과연 이곳은 우리가 도달할 수 있는 세계일까.

42

또 하나의 나

　수면 중 인간의 혼이 작은 동물이나 불덩어리가 되어 육체에서 빠져나오는 이야기는 앞서 소개했었는데, 그것은 전부 자고 있는 인간을 관찰자가 보고 있는 사이에 일어난 일이었다. 그러나 그렇지 않고, 밤길에 우연히 만난 사람을 뒤쫓아갔는데 알고 보니 그 사람의 정체가 자고 있는 사람 몸에서 나온 혼이었다는 이야기도 있다.

예를 들면 『설창야화초(雪窓夜話抄)』에 다음과 같은 이야기[154]가 등장한다.

1700년 여름, 교토에서 어떤 사람이 밤늦게 산조(三条)의 오하시(大橋)라는 다리를 건너 집으로 돌아가던 도중, 대낮처럼 환하게 달빛이 비치는 강에서 14~15세 소녀가 혼자서 놀고 있는 것을 목격했다. 한밤중에 이상하다는 생각이 들어 가까이 다가가 보니 평소 친하게 지내는 산조(三条) 가마자(釜座)의 버선(足袋) 가게 딸이 아닌가.

소녀에게 말을 걸자 그녀는 이쪽을 보고 살짝 웃고는 그대로 산조 대로(大路) 서쪽으로 달려가 버렸다.

남자도 전속력으로 뒤쫓아갔지만 붙잡을 수 없었다. 그러던 중 버선 가게 앞에 도착하자 그 딸아이는 갑자기 땅에서 떠올라 2층 창문을 통해 집 안으로 들어갔다.

---

154 시바타 쇼쿄쿠(柴田宵曲, 1897~1966) 『요이박물관(妖異博物館)』에 수록.

남자는 너무 이상해서 다음 날 태연한 얼굴로 버선 가게에 들러 가게 주인과 잡담을 하고 있었는데, 그 딸이 나와 이런 말을 꺼냈다.

"어젯밤 꿈에 한 강가에 가서 물장난을 하고 있었는데 아저씨가 오셔서 말을 거셨어요. 이런 곳에 온 것을 아저씨가 부모님에게 이를까 봐 막 집으로 뛰어오는데 아저씨가 뒤쫓아 와서 땀에 흠뻑 젖은 채 깼어요."

이와 비슷한 이야기는 『산슈키단(三州奇談)』이나 『괴담 노인지팡이(怪談老の杖)』에도 등장한다. 그 외에 더 찾아보면 많을 것이다.

그런데 자고 있을 때는 그렇다 치더라도, 깨어 있을 때 자신의 혼이 자신과 똑같은 모습으로 나타난다면 어떨까. 앞서 '자기상 환시'에 대해 이야기했지만, 이 경우는 그것과는 상황이 다르다. 제3자의 증인이 있기 때문이다. 『수신후기(搜神後記)』에 이런 이야기가 나온다.

*

중국 송대(宋代)에 어떤 부부가 함께 자고 있다가 아

내가 먼저 일어나 외출했다. 잠시 후 아내가 돌아와 보니, 남편은 여전히 이불 속에서 자고 있었다. 깨우려고 하자 하인이 오더니,

"저기서 주인님이 거울을 찾으십니다."라고 말했다.

아내는 하인이 자기를 놀리는 것이라고 생각하고는,

"무슨 말을 하는 거냐, 주인님은 여기 계시잖아."라며, 남편이 자고 있는 곳을 가리켰다.

그런데 하인은 하인대로 자신은 주인님의 명령을 받고 왔다고 주장했다.

침실을 나오자 주인은 과연 다른 방에 있었다. 아내는 이를 이상하게 여겨 방금 일어난 일을 말하자 남편은 깜짝 놀라 곧바로 아내와 함께 침실로 달려갔다.

침상에는 정말로 자신과 똑같은 남자가 기분 좋게 자고 있었다.

"이건 필시 내 혼일 거야."

남편은 그리 생각하고 흔들어 깨우지 않고 부인과 함께 침대를 살살 문질렀다. 그러자 남자는 조금씩 이불 속으로 빨려 들어가 결국 모습을 감췄다.

그리고 나서 얼마 안 있어 남편은 병이 들어 미쳐버렸다고 하는데, 역시 '자기상 환시'와 마찬가지로 이런 특이한 경험을 한 자는 무사히 일생을 마칠 수가 없다고 한다.

43

두꺼비가 둔갑하여 대장이 된 이야기

일본에는 두꺼비에 관한 괴담이 많은데, 19세기 프랑스 판타지소설과 닮은 이야기도 있다. 바로 호소카와 가쓰모토(細川勝元, 1430~1473)의 에피소드다.

호소카와 가쓰모토는 오닌의 난(応仁の乱, 1467~1477) 때 동군 총대장으로 활약한 무로마치 시대 무장으로, 풍류와 학문을 좋아했다. 교토 도지인(等持院) 서쪽에

있던 도쿠다이지(德大寺) 집안의 기타야마(北山) 산장을 물려받아 석정이 있는 정원으로 유명한 류안지(竜安寺)를 건립한 자가 바로 가쓰모토다.

사치를 즐긴 가쓰모토는 이곳에 공을 들여 정원을 꾸몄는데, 정무가 없을 때는 틈틈이 와서 정원을 바라보기도 하고 손님을 초대하여 주연을 열기도 했다. 무더운 여름날에는 연못에 뛰어들어가 수영을 즐기다가 선실(禪室)에서 낮잠을 청하기도 했다.

어느 여름날 저녁, 7~8명의 도둑들이 류안지에 몰래 들어와 슬쩍 선실 안을 들여다봤는데 아무도 없고 아주 조용했다. 그들은 마침 잘 됐다 싶어 신 나게 문을 부수고 안으로 들어갔다. 그런데 갑자기 방 한가운데에 3m 정도 되는 거대한 두꺼비가 웅크리고 앉아 이쪽을 노려보고 있는 게 아닌가. 그 눈은 마치 번쩍번쩍 빛나는 거울 같았다.

도둑들은 간담이 서늘해져 기겁을 하고 털썩 주저앉았다. 그러자 두꺼비는 갑자기 장수의 모습으로 변해 옆에 있던 검을 쥐고는 "어떤 놈들이냐! 여기는 너희가 올 곳이 못 돼!"라고 호령했다.

도둑들은 벌벌 떨면서 "도둑입니다. 제발 목숨만은 살려주십시오."라고 애원했다. 대장은 웃으며 도코노마(床の間)[155]에 놓아 뒀던 금 향갑을 도둑들에게 던져주면서 "가난 때문에 도적질을 하는 것 같으니 불쌍해서 주는 거다. 단 지금 있었던 일을 다른 사람들한테 발설해서는 절대로 안 된다."고 입단속을 했다고 한다.

이 이야기는 겐로쿠(元禄, 1688~1704) 연간에 간행된 하야시 기탄(林義端, 미상~1711)의 『다마하하키(玉箒木)』라는 속담기화집(俗談奇話集)에 나온다. 저자는 마지막에 이 두꺼비가 절 뒷산에 사는 요괴인지 아니면 가쓰모토 자신이 두꺼비여서 본래 모습으로 바뀌어 있는 동안 갑자기 침입한 도둑들을 목격한 것인지 의문을 제기하고 있다.

그도 그럴 것이 이 호소카와 가쓰모토의 아들은 고타 로한(幸田露伴, 1867~1947)[156]의 『마법수행자(魔法修行

---

155 방 정면 끝에 바닥을 높여 벽에는 족자를 걸고 바닥에 꽃병이나 도자기 등을 장식해 두는 곳.
156 일본 근대 의고전파(擬古典派) 소설가.

者)』에 등장하는, 여우를 부리는 이즈나술(飯綱術)에 빠
진 기인 호소카와 마사모토(細川政元, 1514~1563)였다.

*

이 괴이한 이야기에 비하면 다소 약할지는 모르겠으나, 에도 시대 두꺼비에 얽힌 이야기는 거의 다 두꺼비의 독특한 흡인력에 대한 것들이 많다. 예를 들면 쟁반에 가득 담은 과자와 떡이 저절로 튀어 올라 마당 쪽으로 날아가기에, 살짝 장지문 밖으로 내나보니 커다란 두꺼비가 마당에 웅크리고 앉아 입에서 하얀 실 같은 것으로 과자와 떡을 죄다 빨아들이고 있었다는 이야기가 있다.

그뿐만이 아니다. 두꺼비는 족제비 혹은 고양이 같은 동물의 정기를 빨아먹기도 하고, 마력으로 끌어들여 먹어버리기도 한다. 『미미부쿠로』의 작자는 만약 두꺼비가 마구간이나 집 마루 밑에 자리 잡고 있으면 말이나 사람의 심기가 약해져 병에 걸린다고 전하고 있다.

유럽에서는 두꺼비의 흡인력 따위는 문제시하고 있지는 않지만, 마술이나 요술세계에서 두꺼비는 꽤 중요한 역할을 한다. 그 이유는 두꺼비에게는 맹독이 있기 때문이다. 예를 들어, 마녀가 등장하는 이야기에서 큰 가마솥 안에 펄펄 끓고 있는 것도 바로 두꺼비다.

44

여호(女護) 섬

중국 고대 『산해경(山海經)』에 의하면, 동해 멀리 사유국(司幽國)이라는 나라가 있는데, 거기에서는 남녀가 각각 독립적으로 집단생활을 하고 있다. 그리고 그 두 집단 사이에는 교류가 전혀 없다. 그리고 아이는 어떻게 낳는가 하면, 여자들은 '기운으로 느낀다'고 한다. 즉, 공기나 바람에 감응하여 임신을 한다는 것이다.

일본 무로마치 시대의 『어조자도도(御曹子島渡)』에도 주인공 요시쓰네(義経)가 혼슈(本州) 북방 여자만 살고 있는 섬, 즉 여호섬에 표류하는 장면이 있다. 요시쓰네가 이상히 여겨 섬에 있는 여자에게 묻자, 여기서는 남쪽에서 불어오는 바람, 즉 남풍을 남편으로 받아들여 임신을 하고 아이를 낳는데, 태어난 아이는 모두 여자아이뿐이라고 답한다.

이러한 에피소드를 읽으면 필자는 그리스·라틴문학에 자주 나오는, 바람이 불면 암말이 새끼를 낳는다는 전설이 생각난다. 프리니우스(Gaius Plinius Secundus, 23~79)[157]의 『박물지』에는 다음과 같은 기술이 나온다.

"루시타니아(포르투갈)의 오린포(현 리스본)나 테조(Tejo)강 부근에서 암말이 서풍 쪽으로 얼굴을 향해서 그 바람에 의해 새끼를 밴다는 이야기는 유명하다. 이렇게 해서 태어난 망아지는 매우 빠른데 세 살이 채 되기도 전에 죽는다."고 한다.

---

157 로마 장군. 해군제독 역임. 군사·역사·수사학·자연학 등을 연구.

말과 인간을 동일시하는 것은 좀 그렇지만 모두가 성적 교섭 없이 오로지 남풍과 서풍 작용에 의해 임신한다는 전설인 것을 보면 거기에 어떤 상관관계가 있는 것은 아닐까.

*

암말 이야기는 그렇다 치고, 여호섬 전설은 일본뿐만 아니라 세계 여러 나라에도 존재한다.

남자만 사는 섬에서는 왠지 성적 매력을 느낄 수 없어 그다지 재미있을 것 같지 않다. 그러나 여자만 사는 섬은 독자들의 에로틱한 상상력을 자극시킨다. 그래서 사이카쿠(井原西鶴, 1642~1693)[158]는 『호색일대남(好色一代男)』의 마지막을 주인공 요노스케(世之介)가 고쇼쿠마루(好色丸)라는 배를 만들어, 여호섬을 향해 출항하는 것으로 장식하고 있다. 요노스케의 이른바 '여자 사냥'

---

158 에도 전기 우키요조시(浮世草子) 작가. 일본 근대소설의 원조.

은 독자들에게 에로티시즘의 무한한 가능성을 일깨워 준다.

유럽의 여인국 아마존의 전설도 여호섬과 관련이 있다고 할 수 있다. 단지 아마존 전설에는 여호섬 전설과는 분명히 다른 요소가 하나 있다. 그것은 강한 여자의 이미지, 늠름하고 씩씩한 여전사 이미지다. 이것 또한 남성의 에로틱한 상상력을 자극하는 일면을 보여주고 있는 것이다. 그렇지 않다면 이 전설이 근대에 이르기까지 많은 작가들에 의해 전해져왔을 리가 없다.

헤로도토스(Hēródotos, BC 485?~BC 420?)[159] 이래 아마존 왕국은 북방 지역에 있다고 인식되고 있었다. 즉, 코카서스, 스키타이, 또는 트라키아 북방 등이다. 이 나라 여자들은 바람으로 임신을 하는 것이 아니라, 다른 나라 남자와의 성관계에 의해 아이를 출산하는데, 남자아이는 죽이고 여자아이만 기른다고 한다. 또 활시위를 당길 때 방해가 되어 오른쪽 유방을 절제하는 습관

---

159 BC 5세기 그리스 역사가.

이 있는데, 이것이 아마존의 어원이 되었다. 즉, 아마존(Amazóne)은 '유방 없음'[160]이라는 의미다.

*

마르코 폴로의 『동방견문록』은 인도 부근 남쪽 해상에 남도(男島)와 여도(女島)가 있어 남녀가 제각기 독립해 살고 있다고 전하고 있다. 주민은 세례를 받은 기독교 신자며, 1년 중 3개월간은 남자가 여도에 체류하여 아내와 함께할 수 있다고 한다.

한편 14세기 『여행기(The Travels of Sir John Mandeville)』의 작자 만데빌(Mandeville)에 의하면 칼데아(현 이라크) 부근에 아마존국이 있는데 거기에는 여자만 살고 있다고 한다. 만데빌은 그들이 남자와 즐기고 싶을 때는 애인이 사는 곳까지 가서, 8일 내지 9일간 함께 지낸다고 주장했다.

---

160 a(부정)＋mazos(젖가슴)＝유방 없음.

그러나 아마존에 대한 의견은 분분하기 때문에 진정한 아마존 왕국은 어디에 있었는지 알 길이 없다.

동서기담

45

죽지 않는 사람(不死人)

프랑스혁명 이전 유럽에는 사기꾼처럼 허풍을 떨며 각국의 궁정을 배회하는 정체불명의 수상한 인물이 많았다. 세기의 바람둥이 카사노바(Giacomo Casanova, 1725~1798)나 연금술사 카리오스트로(Alessandro di Cagliostro, 1743~1795) 등이 그 대표적인 예다.

'불사인(不死人)'이라 불린 프랑스의 생 제르맹 (Comte de Saint Germain, 1691 또는 1707~1784) 백작[161]도 그런 인물 중 하나였다.

백작이라고 자신을 소개했지만, 이 남자의 본명이 무엇인지, 언제, 어디서 태어났는지, 이떤 신분 출신인지 아무도 아는 자가 없었다. 어쨌든 그의 말에 의하면 자신은 2천 년 전부터 계속 살고 있는데 젊어지는 영약 덕분에 항상 젊어 보인다는 것이다. 성서에 나와 있는 시바의 여왕(Malkat Shva)과 예수와도 사이좋게 담소한 적도 있고, 네부카드네자르(Nebuchadnezzar) 왕이 구축한 바빌론 도읍지에도 자주 여행했었다고 한다.

그는 이런 말도 안 되는 이야기로 베르사유 궁전에 모인 세계 각국의 귀족과 귀부인들을 멋대로 유혹했다.

게다가 그 백작은 놀랄 정도로 해박한 지식의 소유자로 외국어도 몇 개 국어나 유창하게 구사했다. 또 화학과 연금술 지식에 있어서는 당대에 비할 자가 없었고 황금이나 불로장생약도 제조하고 있었기 때문에 엄청

---

161 모험가, 협잡꾼, 연금술사, 접신론자(接神論者).

난 부자였다.

그러던 어느 날, 바람둥이로 유명했던 한 카사노바가 생 제르맹에게 인정받기 위해 그를 만찬에 초대한 적이 있었다. 그러나 백작은 "모처럼 초대해 주셨지만, 저는 식사를 일절 하지 않습니다. 그저 환약과 귀리를 먹을 뿐입니다."라며 정중히 거절했다고 한다.

또 어떤 날은 백작이 집회에서 로마 시저(Gaius Iulius Cæsar, BC 100~BC 44) 시대 이야기를 마치 보고 온 것처럼 의기양양하게 말하고 있어 아니꼽게 생각한 남자가 백작의 하인에게 "자네 주인이 한 얘기는 사실인가?"라고 물은 적이 있다. 그러자 하인은 "죄송합니다. 저는 백작님을 모신지 300년밖에 안 됐습니다."라고 대답했다고 한다.

*

이 에피소드는, 하야시 라잔(林羅山, 1583~1657)[162]의

---

162 에도 초기 주자학파 유학자.

『신사고(神社考)』에 나오는, 덴분(天文, 1532~1555) 연간에 살고 있었다는 아이즈(会津, 후쿠시마 현 서부) 실상사(実相寺)의 대풍도인(大風道人)을 연상케 한다.

대풍도인은 호가 잔무(殘夢)인 선승(禪僧)으로, 오십 수년 전에 죽은 잇큐(一休, 1394~1481)[163]의 친한 친구였다고 자칭하고 있었다. 그뿐만 아니라 300여 년 전의 겐페이(源平) 전쟁을 화제로 마치 그 현장에서 직접 목격하고 온 것처럼 구체적으로 말하기도 했다. 듣는 사람이 수상히 여겨 자꾸 캐물으면 항상 까먹었다고 하며 화제를 바꿨다.

아이즈 상점가에 거울 닦는 것을 업으로 하는 후쿠센(福仙)이라는 노인이 있었는데 어느 날 대풍도인이 그를 보고는,

"저 친구는 요시쓰네(義経) 군대 기수를 했던 남자다."라고 말했다.

이를 듣고 후쿠센도 지지 않고,

---

163 잇큐 소준(一休宗純). 무로마치 시대 임제종(臨濟宗) 승려.

"저 화상이야말로 히타치 보카이손(常陸坊海尊, 생몰
미상)[164]이다."라고 했다고 한다.

---

164 겐페이(源平) 전쟁에 참여했던 인물. 승려였다는 설도 있음. 불로불
　　사의 몸으로 400여 년 동안 살았다고 전해짐.

그들의 말이 사실이라면 겐페이 시대의 두 사람이 350년 이상 장수하며 도호쿠(東北) 지방에서 조용히 살고 있었던 것이다.

*

히타치 보카이손은 요시쓰네와 그 부하가 전사했던 현장에는 없었고, 살아남아 어딘가로 모습을 감췄다고 전해지는 인물이다. 그는 불로불사의 몸으로 성불을 방해하는 업보를 소멸시키기 위해 자신이 잘 알고 있던 겐페이 전쟁의 전말을 전하고 다녔다고 전해진다. 그는 도호쿠 지방에 널리 퍼진 전설의 주인공으로, 어딘가 어두운 분위기를 풍기는 저주받은 불사인이었다.

또 다른 불사인 전설로는 와카사(若狹, 후쿠이 현 서부)를 중심으로 야오비구니(八百比丘尼) 이야기가 전해지고 있는데, 그는 인어를 먹고 불사인이 되었다고 한다.

46

원방투시(遠方透視)

　한 남자가 일 때문에 에도에서 나가사키로 부임하게
되었는데 심한 향수병에 걸려 식욕도 잃고 우울하게 지
내고 있었다. 주인이 그를 가엾게 여겨 어느 날 데지마
(出島, 나가사키 시 남부) 서양인 집으로 데리고 가 네덜
란드인 의사에게 진찰을 받도록 했다. 서양인이라면 뭔
가 특별한 마법으로 이 남자의 병을 낫게 해주지 않을

까 하는 기대에서였다.

의사는 대야에 물을 가득 담아 와, "여기에 머리를 담그시오."라고 지시했다. 남자가 시키는 대로 하자 의사는 남자의 목덜미를 누르고 잠시 물속에 밀어 넣은 다음, "눈을 떠 보시오."라고 했다. 물론 통역하는 사람을 통해서 지시했다.

그런데 남자가 물속에서 눈을 떠보니, 약 10m 떨어진 곳에 바느질을 하고 있는 어머니의 모습이 선명하게 보였다. 분명히 에도 집에 홀로 계신 어머니였다.

이윽고 의사가 남자의 얼굴을 물에서 들어 올렸다. 치료는 그것으로 끝났다. 의사가 지어준 약을 복용하자 남자는 완쾌했다.

그 후 남자가 에도로 돌아가 밀린 이야기를 하고 있을 때, 어머니가 이런 이야기를 꺼냈다.

"일 년 남짓 떨어져 있는 동안 네 얼굴이 보고 싶어 견딜 수 없었단다. 어느 날 네 옷을 지으면서 문득 창으로 옆집 쪽을 보니까, 담장 위에 네 모습이 보이길래 한참 동안 쳐다보고 있었지. 절대로 꿈이 아니었어."

남자가 깜짝 놀라 그 날짜와 시각을 묻자 놀랍게도

그가 나가사키에서 서양인 의사에게 치료를 받았을 때와 일치했다.

이 이야기는 네기시 야스모리(根岸鎮衛)의 『미미부쿠로』에 나오는데, 마지막에 저자는 "환술(幻術) 같은 것이다."라며 이야기를 끝맺고 있다. 저자는 서양인 의사의 의술을 일종의 요술이라고 생각했을지도 모른다.

*

신기한 것은 이 남자보다 그의 어머니다. 남자는 분명히 서양인 의사의 환술로 멀리 떨어져 사는 어머니를 본 것인데, 어머니는 이른바 자신의 상식을 초월한 능력으로 투시한 것이 아닌가 생각되기 때문이다. 만약 그녀가 수련을 쌓았다면 아마도 스웨덴의 대 신비학자 스웨덴보리(Emanuel Swedenborg, 1688~1772)처럼 자유자재로 먼 곳을 투시하는 능력을 익혔을 것이다.

1756년 9월, 스웨덴보리는 영국에서 배로 스웨덴으로 귀국, 예테보리(Göteborg)의 윌리엄 타스텔 가(家)에 머물고 있었다. 저녁 6시경 집 밖에 있던 스웨덴보리는 황급히 응접실로 돌아와 외쳤다.

"지금 막 스톡홀름 시내에 화재가 났는데 사방으로 번지고 있어요. 우리 집도 위험해졌네요."

참고로 예테보리는 스톡홀름에서 500km 이상이나 떨어져 있다.

8시가 되자 그는 다시 밖으로 나갔다 오더니 기쁜 듯이 말했다.

"다행히도 화재는 진화됐습니다. 저희 집까지 오기 세 번째 전에서 꺼졌어요!"

*

이 소문은 바로 예테보리의 모든 주민들에게 전해졌다. 시장이 스웨덴보리를 불러 사연을 묻자 그는 화재가 어떻게 일어났고 어떻게 진화됐는지 시장 앞에서 소상히 설명했다.

3일 후 스톡홀름에서 누군가가 편지 한 통을 가지고 왔다. 그 편지에는 당시 화재 상황이 자세히 적혀 있었는데 스웨덴보리가 설명한 내용과 조금도 다르지 않았다. 과연 화재는 8시에 진화되었던 것이다.

그의 초능력이 철학자 칸트(Immanuel Kant, 1724~1804)를 감동시켰다는 이야기는 유명하다. 세상에는 신비가(神秘家)라 불리는 사람은 많지만 근대에 들어 이 정도로 의문의 여지가 없는 증거를 제시한 자는 드물다.

47

사탄숭배의식(Black Sabbat)에 필요한 빵

19세기 말경의 이야기다. 마침 부활제 주간이었다. 한 노파가 파리 노트르담 사원 안의 성가대 자리 오른편에 위치한 성 조르주 차베르라는 제실(祭室)에 숨어 들어갔다. 그리고 주위에 사람이 없어질 때까지 지켜보다가 재빨리 제단 위의 성궤 있는 곳으로 올라가 그 안에 있는 성체기(聖體器) 두 개를 꺼내 옷 속에 감추고 몰래 사원을 빠져나왔다.

성체기는 와인 잔을 크게 한 것으로 보통은 금속제로 되어 있고, 위에 십자가가 붙은 뚜껑이 있다. 그것에는 신자에게 주는 호스티아(성체의 빵)가 각각 50개 정도 들어 있었다고 한다.

노파는 무슨 목적으로 빵이 들어 있는 성체기를 훔친 것일까. 금속 성체기를 팔기 위해서일까.

그러나 옛날에는 은 등으로 제작했던 것을 19세기 말에는 동이나 알루미늄으로만 만들었기 때문에 팔아도 큰돈이 되지 않았다. 그렇다면 무엇 때문일까?

이 에피소드를 소개하고 있는 프랑스 소설가 위스망스(Joris-Karl Huysmans, 1848~1907)는 노파가 노트르담 사원에서 성체기를 훔친 이유가 그 안에 들어 있는 빵 때문이었다고 추측했다.

*

그렇다면 도대체 무엇 때문에 성체의 빵이 필요했던 것일까. 그것은 다름 아닌 Black Sabbat를 위한 것이라고 위스망스는 단언한다.

Black Sabbat나 악마숭배 예배를 중세의 미신적 행위라고 생각하면 오산이다. 실은 과학과 진보사상이 활발했던 19세기 말 부르주아사회에서도 빈번히 거행되

고 있었기 때문이다. 위스망스는 프랑스 각지 교회에서 얼마나 자주 성체의 빵 도난사건이 일어났는지를 아주 구체적으로 말해주고 있다.

Black Sabbat는 간단히 말하면 천주교 예배를 부정하는 것이다. 따라서 가톨릭 미사에서 예수의 살로 간주되는 빵은 Black Sabbat 의식에 꼭 필요하다. Black Sabbat 사제는 모든 불결한 행동과 음란한 짓을 통하여 이 신성시되고 있는 빵을 모독하는 것이다.

*

예를 들면 16세기 프랑스 왕비 카트린드메디시스 (Catherine de Médicis, 1519~1589)가 병약한 아들 샤를르 9세의 운명을 점치기 위해 반센느 별궁에서 거행한 Black Sabbat도 흑·백 두 개의 성체 빵이 사용되었다.

카트린과 그녀의 심복 부하만 참석한 방에서 Black Sabbat은 심야 12시에 거행되었다. 사제는 도미니크회 배교(背敎)신부로, 그는 먼저 넘어져 있는 십자가를 발로 밟는다. 그리고 성 안으로 데리고 온 미모의 유대인 소년 입에다 하얀 성체 빵을 틀어넣는다. 소년을 벌벌 떨면서 울부짖지만 바로 사제가 붙잡아 제단 위로 끌어 올리고는 그의 목을 잘라버린다.

몸에서 떨어진 목은 아직 꿈틀꿈틀 움직이고 있는 동안, 커다란 검은 성체 빵을 담은 쟁반 위에 올려진다. 그리고 두 자루 촛대에 불을 붙인다. 이어 주문을 외우면 죽은 소년의 입에서 악마의 예언이 새어 나오는 것이다.

일본의 Black Sabbat라 할 수 있는, 진언밀교 일파와 음양도가 혼합되어 생긴, 다치카와류(立川流) 의식도 남녀 성교 시의 화합수(和合水)를 바른 촉루의 입을 빌려 예언하게 하는 의식이 거행되었다고 한다.

단, 티베트의 탄트라교의 맥락을 이은 다치카와류에는 당연히 유럽풍의 선·악 이원론은 없기 때문에 기독교의 신성을 고의로 모독하는 Black Sabbat 의식의 본질적인 요소는 빠져 있다.

48

여러 가지 점술

점술은 동서고금을 막론하고 존재하고 있었다. 자연계의 사상(事象)과 다른 사상(事象) 사이에 어떤 인과관계를 발견해내려는 욕구만 있으면 점술은 언제 어디서나 간단히 성립된다. 과거 일본에서는 게타(下駄)를 신은 채 발로 힘껏 날려 내일 날씨를 점치기도 했다.

유럽과 아시아에서 가장 오래된 점성술은 짐승

의 배를 갈라 내장 모양을 보고 길흉을 점치는 내장점(haruspices)과 양의 견갑골을 불로 태워 거기에 나타나는 균열을 조사하는 갑골점(omoplatoscopy)일 것이다. 그 밖에 흙, 물, 불 혹은 식물, 도구 등 점치는 데 사용 안 한 것은 거의 없을 정도였다.

고대 일본에도 태점(太占)과 거북점(亀卜)과 같은 짐승의 뼈나 거북의 등을 불로 굽는 점이 있었다. 이 점술이 한반도를 거쳐 일본으로 들어온, 대륙 샤머니즘 계통을 잇는 것이라는 것도 확실하다. 일찍이 반 노부토모(伴信友, 1773~1846)가 『정복고(正卜考)』에서 그 점치는 방법을 자세하게 소개했다.

여기서는 주로 중세 비잔티움제국에서 행했던 재미있는 알렉트리온만시라는 점치는 방법을 소개하겠다. 참고로, 그리스어로 '알렉트리온(Alectryon)'은 수탉, '만테이아(manteia)'는 예언, 점술을 의미한다. 요컨대 닭점인 것이다.

*

　절도범이나 상속인 이름을 알고 싶으면 평탄한 지면 위에 원을 그리고, 원을 알파벳 수만큼 나누어 그 나눈 부분에 각각 문자를 써넣는다. 그리고 밀알을 가져와, "엑세 에님 베리타템(이제 진실을 봐라)."이라는 주문을 외우면서 A부터 차례로 각 문자 위에 밀알을 놓는다. 마지막의 Z까지 밀알을 놓았으면, 발톱을 자른 수탉을 가져와 원 위에다 풀어놓는다. 그리고 닭이 어느 문자의 밀알을 쪼아먹는가를 확인하고, 그 문자들을 종이에 써서 조합해 본다. 그것이 바로 알고 싶은 사람의 이름이다.

　로마황제 발렌스(Flavius Valens, 328~378)가 왕위 계승자의 이름을 알고 싶어 이 방법을 사용했다는 이야기는 매우 유명하다. 수탉은 'THEOD'라는 문자에 있는 밀알을 쪼아먹었다. 황제는 이것을 '테오돌스'라 해석하여 그것에 가까운 이름을 가진 자를 닥치는 대로 죽이게 했다. 그러나 결국 발렌스가 죽은 후 스페인 출신의 군인 프라비우스 테오도시우스(Flavius Theodosius, 347~395)가 왕위를 계승하게 되었다.

*

반 노부토모의 『정복고(正卜考)』 제3권에는 잡점(雜占)이라 하여 옛날부터 일본에서 내려온 갖가지 점술 방법이 소개되어 있다. 그중에는 거문고점(琴占), 무조점(巫鳥占), 쌀점(米占), 죽점(粥占), 대롱점(管占), 석점(夕占), 돌점(石占), 족점(足占), 다리점(橋占), 물점(水占), 재점(灰占), 띠점(帶占), 산사초점(山菅占), 묘점(苗占), 노래점(歌占), 뽑기(籤), 박달나무점(三角柏占) 등과 같은 정말 재미있는 이름의 점술도 있다. 이것을 보는 것만으로도 모든 종류의 사물이 점술에 이용되었다는 것을 알 수 있다.

그러나 실제로는 그리 신비한 것도 아니다. 예를 들어 석점(夕占)은 해가 질 때 길에 서서 통행인이 떠드는 말을 듣고 그것으로 길흉을 판단하는 것뿐이다. 또 족점(足占)은 목적지를 정하고 '길흉', '길흉'을 외우면서 한 걸음씩 걸어가 도달한 지점에서 길흉을 결정하는 것이다.

물점(水占)은 강물 속에 밧줄을 던져 그 밧줄에 걸린 물체로 길흉을 판단하는 점술이다. 점치는 방법을 봤을 때, 이것들은 왠지 신뢰가 가지 않는다.

49

괴담대회(百物語)

괴담대회는 여러 사람이 밤에 모여 차례로 무서운 이야기를 하면서, 백 번째 이야기가 끝나면 진짜 귀신이 나온다는 취지의 괴담 모임이다. 믿지는 않았겠지만, 그렇게 함으로써 공포나 긴장감을 인위적으로 조성하여 즐겼던 것으로 보인다. 에도 시대 괴이소설집『어가비자(御伽婢子)』13권「괴이한 이야기를 하면 괴이하게 된다」에는 다음과 같이 쓰여 있다.

"'괴담대회'에는 규칙이 있다. 어두운 달밤, 등불을 붙이는데, 그 등은 파란 종이로 붙이고, 백 개의 심지에 불을 붙여, 이야기 하나가 끝날 때마다 심지 하나를 끄면, 좌중은 점점 어두워진다. 파란 종이에서 비치는 파란 빛은 왠지 서늘하다. 거기에 이야기가 이어지면서 반드시 무서운 물체가 나타난다."

말하자면 분위기를 조성하여 괴이한 분위기를 극대화하려는 것이다.

모리 오가이(森鷗外, 1862~1922)는 단편 『괴담대회(百物語)』 중에 "그 파킬이 알라 알라를 외우고 머리를 흔드는 동안, 바로 눈앞에 신을 보고 있는 듯이, 신경에 자극을 주면서 일시적으로 환시와 환청을 일으키게 된 것은 아닌가."라고 쓰고 있는데, 어쩌면 그러한 일이 실제로 일어났을지도 모른다. 참고로 파킬은 이슬람교의 고행승이다.

사람들이 마음속으로 '괴이'를 믿고 있었던 시대에는 '괴담대회'라는 유희적인 행사는 하지 않았을 것이다. '괴이'가 잘 믿어지지 않게 되었을 때에 초자연적

세계를 보고 싶다는 사람들의 갈망이 이와 같은 공포나 긴장을 인위적으로 조성하는 습관을 낳은 것이다.

『어가비자(御伽婢子)』 13권의 맺음말이 재미있다. 즉 "이 이야기는 아직 백번까지 가지 않았는데, 어쩌면 정말로 귀신이 나타나면 큰일이니까 이쯤에서 끝낼까 한다."라고 작가가 마무리하고 있다. 끝맺는 말치고는 재치 있어 보인다.

*

이 『동서기담(東西奇談)』도 이쯤에서 마무리할까 한다. 제1화 「귀신을 부리는 마법사」 이후 일본의 에피소드와 유럽 또는 중국의 에피소드를 수시로 대비하면서, 아무런 계통과 질서를 세우지 못하고 단지 필자의 취향에 따라 취사선택하면서 기술해왔다.

신화나 전설, 역사와 문학 이야기를 인용하면서 이 책에서 살펴본 49편의 주제는 우리의 불가사의에 대한 꿈을 무한대로 부풀릴 수 있는 주제였다고 할 수 있다.

그도 그럴 것이 신화나 전설에서 우리는 SF의 테마

를 발견할 수 있었고, 이러한 기담들이야말로 이미지와
심벌의 보물창고라고 생각했기 때문이다. 나는 마음을
비우고 그러한 것들을 모았다고 생각한다.

역자 후기

기담(奇談)은 주변의 일상생활과는 다른 레벨의 특수한(비상식적인) 공간의 세계로 우리들을 안내한다. 그 세계는 호기심과 상상력을 끊임없이 자극하는 세계이기도 하다.

본 역서의 주 내용인 동·서양의 기이한 이야기들은 합리적 사고로는 이해가 되지 않는 것들이지만, 이야기의 대부분은 역사적 사실(자료)에 근거하여 집필된 것이다.

이것이 픽션의 세계라 할지라도 이는 인간이 가진 소박한 원망(願望)이 심리적 표현수단에 의해 다시 탄생한 것이라 할 수 있다. 때문에 인간은 이런 비상식적인 이야기를 접해도 저항을 느끼지 않는 것이 아닐까.

이 기이한 세계는 경이, 신비, 몽환, 초자연, 기이 등이 인접하는 제 양식 속에서 작가의 특수한 감각을 자극하여 모티브로의 변환 과정을 통해 예술이나 문학적 재원(材源)으로 환원되기도 한다.

예를 들어, 본 역서 9장 「자기상 환시」와 42장 「또 하나의 나」가 보여주는 '분신'의 이미지는 호프만(Ernst Theodor Amadeus Hoffmann, 1776~1822)을 대표로 하는 낭만파 작가들이 즐겨 채용한 모티브이며, 32장 「덴구에게 잡혀간 소년」에 등장하는 시간과 공간의 도약 현상은, 워싱턴 어빙(Washington Irving, 1783~1859)의 『스케치북(The Sketch Book, 1819)』에 수록되어 있는 「립 밴 윙클(Rip Van Winkle)」을 연상케 한다.

일본의 근대작가인 아쿠타가와 류노스케(芥川龍之介, 1892~1927) 역시, 본 역서에 자주 거론되고 있는 『곤자쿠모노가타리(今昔物語)』에 수록된 작품을 차용하여 「라쇼몬(羅生門)」 「덤불 속(藪の中)」 등의 작품으로 재탄생시켰다.

본 역서는 인간의 은닉세계를 독자들에게 여과 없이

공개하고, 편견 없는 흥미로운 세계로 인도하며, 풍부한 상상력과 발상의 단서를 제공해 준다는 점에 의의가 있다.

또한 본 역서가 문학, 박물학, 민속학, 심리학, 역사학 등의 연구에 있어 보조적 자료로 충분한 가치가 있음을 믿어 의심치 않는다.

본 역서에 등장하는 인물, 지명, 사항 등은 엄밀한 검증을 거쳐 가능한 한글표기법에 맞추어 기재하였으며, 작품명이나 자료명 등의 표기에 있어서는 학술대회나 학술지에 통상적으로 사용(언급)되고 있는 명칭을 따랐으나, 그렇지 않은 생소한 작품과 자료의 경우에는 한국어식 음독(音讀)으로 표기하였다. 일부 원서의 느낌을 위해 일본어 발음대로 기재한 것도 있다.

미진한 부분이 있다면 독자 여러분의 기탄없는 질정을 바라며, 본 역서가 출판되기까지 수고를 아끼지 않은 도서출판 어문학사 편집실에 감사드린다.

동서기담

초판 1쇄 발행일 2015년 12월 11일

지은이 시부사와 다쓰히코
옮긴이 임명수
펴낸이 박영희
책임편집 노경란
디자인 김미령·박희경
마케팅 임자연
인쇄·제본 태광인쇄
펴낸곳 도서출판 어문학사
　　　　서울특별시 도봉구 쌍문동 523-21 나너울 카운티 1층
　　　　대표전화: 02-998-0094/편집부1: 02-998-2267, 편집부2: 02-998-2269
　　　　홈페이지: www.amhbook.com
　　　　트위터: @with_amhbook
　　　　페이스북: https://www.facebook.com/amhbook
　　　　블로그: 네이버 http://blog.naver.com/amhbook
　　　　다음 http://blog.daum.net/amhbook
　　　　e-mail: am@amhbook.com
　　　　등록: 2004년 4월 6일 제7-276호

ISBN 978-89-6184-398-0 03380
정가 13,000원

이 도서의 국립중앙도서관 출판예정도서목록(CIP)은 e-CIP홈페이지(http://www.nl.go.kr/ecip)와
국가자료공동목록시스템(http://www.nl.go.kr/kolisnet)에서 이용하실 수 있습니다.
(CIP제어번호: CIP2015031969)

※잘못 만들어진 책은 교환해 드립니다.